La fille de l'air

J'AI LU

Nadine Vaujour

La fille de l'air

Éditions J'ai lu

UN CŒUR, EXACTEMENT

27 mai 1986

« Vaujour tout le monde ! »

Je regardai Michel avec surprise. Il éclata de rire avant de monter le volume du transistor.

« Vaujour tout le monde ! Il fait beau sur Paris ce matin !... »

Le journaliste paraissait d'excellente humeur. Je tendis l'oreille.

« Nous savons que la femme qui pilotait l'hélicoptère grâce auquel Michel Vaujour s'est évadé de la prison de la Santé, hier à dix heures quarante-cinq, n'est autre que son épouse, Nadine Vaujour. Cette mère de deux enfants, qui a obtenu son brevet de pilote sous une fausse identité, a décollé hier de l'aérodrome de Saint-Cyr-l'École afin d'aller chercher son mari... Chacun s'accorde à reconnaître le courage et le sang-froid exceptionnels de Nadine mais, rappelons-le... »

Je saisis la main de Michel.

– Éteins ! Ces gens-là me font peur... Ils parlent de courage, de sang-froid... alors que j'étais verte !

– Tu as été formidable, Nad. Formidable !

– J'ai eu du culot, oui ! C'est tout !

Je me dissimulai sous les draps. Michel se rapprocha en riant.

– Formidable, je te dis ! Et quel cadeau pour notre anniversaire de mariage !... Tu te rappelles ? Le 27 mai !...

– Je sais... Mais maman ? Et les gamines ? Que vont-elles penser en apprenant la nouvelle ?

– Elles comprendront que leur mère est allée chercher leur père !

Il rabattit les couvertures et je fus soudain saisie de voir cet homme à mes côtés. Mon mari, en chair et en os. La veille encore j'étais une inconnue et, lui, un prisonnier condamné à quelque trente ans de prison. Un slalom dans les embouteillages parisiens, une course contre la montre, un décollage en hélicoptère, un arrachage au-dessus d'une prison avaient fait de moi une « héroïne » et de lui l'homme le plus recherché de France. Des frissons me parcoururent le dos. Je me rappelai mes terreurs de la nuit précédente, lorsque, une fois encore, les cauchemars m'avaient entraînée au fond d'une carlingue emballée qui explosait au-dessus de mon visage. Mais cette fois-ci, je ne m'étais pas éveillée brûlée vive, seule et désespérée. Il y avait un corps contre moi. Ce corps avait bougé, je m'étais lovée contre lui. Cela ne m'était pas arrivé depuis cinq ans.

Mon mari !

Je le dévisageais avec un bonheur fou. La radio ronronnait en sourdine. Nous ne l'entendions plus.

– Regarde.

Michel me tendit son avant-bras. Un morceau de peau avait été arraché. À la place, il y avait une tache, et cette tache avait la forme d'un cœur. D'un cœur, exactement.

– Je me suis fait ça sur le toit de la prison. Juste avant de monter sur le patin de l'hélicoptère...

Nous fûmes interrompus par la sonnette. Une brève, une longue, deux brèves.

– C'est José.

Vingt-quatre heures plus tôt, notre hôte, l'ami d'un ami d'un ami de Michel, savait à peine à qui il avait affaire. Officiellement, Vaujour venait de s'évader. J'étais sa femme, je l'aidais, quoi de plus normal ? Ce matin-là, il n'était plus aussi ignorant que la veille. Il nous observait à tour de rôle, avec un mélange d'admiration et d'inquiétude. Il venait nous apporter les journaux, et nous dire aussi qu'il fallait déménager.

– Je vous ai trouvé autre chose... C'est plus sûr et plus confortable.

Michel le prit dans un coin et lui parla. L'autre écouta sans broncher, puis il acquiesça et dit :

– Je vérifie les abords de l'immeuble. S'il n'y a rien d'anormal, je sonne deux fois. Ma voiture est garée sous les troènes...

Nous nous habillâmes à la hâte puis nous partîmes avec José. Il nous conduisit en plein cœur de Paris. À deux pas d'un commissariat de police. Michel était blême.

– Tu n'aurais pas pu trouver autre chose ?

– C'est la meilleure des protections !

Nous gravîmes les trois étages d'un immeuble obscur. Derrière chaque porte palière, on devinait le stress et la solitude. José sortit une clé de sa poche et nous fit entrer dans un petit appartement de deux pièces.

– Je vais vous chercher de la viande et de la bière... Je serai là dans vingt minutes.

Coincée en hauteur, ouvrant par une issue unique sur un escalier étroit, notre retraite était une véritable souricière. En outre, le va-et-vient des voitures de police circulant quelques mètres plus bas n'était pas fait pour nous rassurer.

À peine José avait-il quitté l'appartement que Michel, tout en tournant en rond, émit un jugement que je m'étais déjà formulé à moi-même.

– José est mort de peur.

– C'est vrai, dis-je.

– Il est nerveux... beaucoup trop nerveux.

Il réfléchit un court instant puis, me prenant brusquement par l'épaule, ajouta :

– Viens. On s'en va.

Nous descendîmes les étages quatre à quatre. Bien que nous n'eussions plus d'abri et cependant tous les flics de France aux trousses, le retour à l'air libre nous parut moins dangereux que la cache laissée derrière nous. C'était comme si nous nous évadions pour la deuxième fois.

Nous changeâmes trois fois de planque en huit jours. Je n'avais qu'un désir : téléphoner à ma mère, à qui j'avais confié mes filles avant l'évasion. Mais toute communication nous était interdite.

Michel se teignit les cheveux. Je lui rasai le sommet du crâne, simulant une calvitie. Afin de lui changer le regard, je lui épilai les sourcils. Dans une pharmacie, il acheta du plâtre et façonna un moule, laissant croire que son bras était cassé. Nous portions l'un et l'autre des lunettes fumées. Je transformai ma silhouette afin de tromper les policiers qui, imaginais-je, se faisaient de moi l'idée d'une femme masculine, en blouson et pantalon. Je choisis des toilettes féminines plus sophistiquées. J'essayai même de glisser un coussin sous une robe de grossesse...

Michel, ayant récupéré de l'argent qu'on lui devait, décida de gagner la province. Nous louâmes une première maison dans les Vosges. Alors que notre signalement était communiqué aux frontières, qu'on nous cherchait déjà hors de l'Hexagone, nous respirions la chlorophylle et la sève des pins de la France profonde. Nous remontions les ruisseaux jambes nues, à l'affût des truites – nous ne ramenions jamais que des têtards –, sortions le soir pour assister aux concerts que les grenouilles donnaient sur l'étang voisin, grimpions sur les crêtes des collines pour admirer les vallées, le cortège des villages reliés les uns aux autres par une rivière de plomb endormie et paresseuse... Et lorsque nous circulions sur les routes, les bons gendarmes guettant au coin des nationales nous saluaient parfois, félicitant de loin ces automobilistes si respectueux du code de la route...

Michel renouait peu à peu avec son amour pour la vie. Enfin réunis après tant d'épreuves, nous réapprenions à nous connaître et à nous aimer.

Un matin, il revint du village avec un test de grossesse. Je n'avais pas même remarqué que j'avais du retard. À mon grand étonnement, il m'indiqua exactement ce qu'il convenait de faire. Il semblait connaître la notice par cœur.

Puis il posa délicatement le flacon sur la grande table de la cuisine, ne le quittant pas des yeux. Soudain, il poussa un cri :

– Nad ! Regarde ! Mais regarde donc !

Je m'approchai. Au fond du bocal, il y avait comme un astre brun.

– Nad ! C'est formidable ! On a un enfant ! Un deuxième enfant !

À le regarder, il semblait que le flacon fût son ventre et l'auréole son embryon.

Il serra le verre contre lui et se mit à danser.

– Tu sais quand on l'a fait ?

Je secouai la tête.

– Mais le soir de la fête de la musique !... Rappelle-toi !

Ce soir-là, alors que nous rentrions de la ville à pied en chantant à tue-tête « Dans la troupe, y'a pas de jambe de bois ! », Michel s'était arrêté et m'avait prise dans ses bras.

Je considérai mon ventre avec perplexité. Pourquoi Dieu avait-il voulu cette naissance ? Était-ce un cadeau, un gage, une dernière chance ? Un bébé allait naître, au-dessus des hommes et des lois, un bébé qui n'aurait jamais dû voir le jour. Ce serait mon troisième enfant. J'accueillis finalement cette grossesse comme un signe du destin qui nous encourageait à tout recommencer. Et je décidai de rester avec mon mari envers et contre tous.

Dès lors, la séparation d'avec mes filles ne se justifiait plus. Profitant de l'été et de l'engourdissement de la presse, nous les « kidnappâmes » à la fin du mois d'août. Et nous quittâmes les Vosges pour la Dordogne.

Pendant un mois, nous vécûmes comme toutes les familles de France. Je ne pensais même plus à ceux qui nous cherchaient : ils couraient après des personnages auxquels je me sentais parfaitement étrangère. De l'évasion, il ne subsistait qu'un fait divers qui ne me concernait plus. Comme tout un chacun, je la considérais avec un amusement mêlé de sympathie. J'avais mieux à faire avec ma famille : pour la première fois, nous étions réunis hors de l'exiguïté d'un parloir.

En septembre, quatre mois après son évasion de la prison de la Santé, Michel décida de remonter à Paris afin d'acheter des papiers d'identité pour toute la famille.

Je me souviens et me souviendrai longtemps de son départ. C'était un mercredi. Mercredi 24 septembre. Nous l'avions accompagné à la gare. La nuit était tombée. Un épais brouillard noyait la campagne.

Par deux fois, craignant de nous être perdus, nous avions rebroussé chemin. Secrètement, je bénissais l'opacité du ciel qui, peut-être, nous permettrait d'arriver trop tard à la gare... Ce voyage m'effrayait.

La station fantôme apparut à l'issue d'une route incertaine. C'était une petite gare campagnarde qu'éclairait une paire de lampadaires suspendus. Elle semblait aussi irréelle qu'un mirage. Une pluie fine et pénétrante nous enveloppait. Nous étions en avance.

Cathy, notre fille cadette, courait autour de nous et s'amusait avec les cailloux luisants. Sa sœur s'accrochait au bras de Michel. Elle lui fit promettre de téléphoner chaque jour et de revenir le plus vite possible.

– Samedi, répondit Michel. Je serai là très tôt. Tu réveilleras maman pour qu'elle vienne me chercher.

Moi, j'essayais de sourire mais je ne parvenais pas à me décontracter. Des pressentiments m'assaillaient. Depuis les attentats terroristes, Paris était en état d'alerte. Les forces de l'ordre déployaient leurs effectifs, fouillaient, contrôlaient sans cesse et partout. Tout individu devenait suspect. Michel traverserait-il les mailles d'un tel dispositif ?

Il s'efforçait de me rassurer. Dans notre situation, il était normal que mes craintes fussent permanentes. Mais je ne voulais pas embarrasser mon mari, dont le seul souci consistait à mener à bien les démarches qui nous permettraient de partir, de nous installer ailleurs, afin de recommencer à vivre. Pour lui, tout retard nous mettait en péril aussi sûrement qu'un déplacement.

Il embrassa les petites plusieurs fois. Il me pressa les mains tout en murmurant : « Ne t'inquiète pas, Nad. Je serai là samedi... »

Je n'eus pas le cœur d'attendre jusqu'au passage du train. Je le laissai devant la gare, sous le lampadaire et la pluie – sa cavalière d'un soir. Puis je repris la route, très lentement, comme à rebrousse-poil. J'avais peur.

J'eus peur pendant deux jours.

Il téléphona le jeudi et annonça que tout allait bien.

Le vendredi, il me dit qu'il prendrait le train le soir même, comme convenu. La conversation fut coupée parce qu'il manquait de pièces de monnaie.

Dans la soirée, j'allumai la radio. Au flash de vingt heures, j'appris qu'une banque parisienne avait été attaquée par trois hommes armés. Avertis, les policiers les attendaient à la sortie. Il y eut prise d'otage et fusillade. L'un des malfaiteurs fut maîtrisé. Le deuxième, qui tentait de s'enfuir, fut touché au bras. Le troisième reçut une balle dans la tête.

Je ne pus m'endormir. Toute la nuit, j'écoutai les flashes d'information. Je voulais entendre des noms, être sûre que ce n'était pas Michel...

À l'aube, j'allai à la gare. Mon mari n'était pas au train de cinq heures. Je rentrai et commençai d'attendre. J'avais compris. À sept heures, par la radio, je sus que Michel, dans le coma, avait été transporté à l'hôpital Beaujon. À sept heures et demie, lorsque les inspecteurs de la BRB firent irruption chez moi après avoir roulé toute la nuit, je leur posai une question. Une seule.

– Michel est-il vivant ?

Ils me répondirent que oui.

Alors, je fermai les yeux sur les sanglots de ma mémoire.

PREMIÈRE PARTIE

LA MAISON
DES COURANTS D'AIR

Un coup de vent vif balaie les confettis rouges et bleus qui s'amassent au creux des caniveaux. Cornets, tickets et capsules s'envolent sur la place désolée. Le sol est strié de ronds et d'entrelacs qui rappellent qu'on a dansé ici. Plus loin, en surplomb, l'estrade en bois, pompeusement appelée « scène », perd ses guirlandes et ses rideaux de pourpre. Les stands cadenassés ressemblent à des coffres de pirates sortis de l'eau : le rouge vire au rose, le vert devient jaune. Même le grand chapiteau a une sale mine. Puis, lorsque le ciel s'obscurcit, l'ombre recouvre les vestiges de la fête foraine comme une couverture emprisonnant un songe. Les bâches des manèges frissonnent. Panique au sol. La pluie dégringole, frappe la terre et rebondit en particules fumantes. Les arbres, les toits fondent, les maisons disparaissent. Il n'y a plus rien. Bientôt, en un ultime tour de prestidigitation, l'esplanade apparaîtra ruisselante, parée des couleurs de l'arc-en-ciel, l'indigo, le vert, l'orange, les mille et un reflets sur lesquels, deux fois par an, s'endormaient les enfants du quartier de la Case-Fayère, à Reims, dans la Marne.

La fête battait son plein au pied de notre maison. Mais je l'aimais surtout le matin, quand elle m'offrait ses espaces solitaires.

Lorsque les forains avaient plié bagage en emportant nos rêves d'enfants, nous leur succédions. Nous jouions à « tape », à la marchande, aux gendarmes et aux voleurs, à « je déclare la guerre ». C'étaient là les jeux de notre quartier.

Celui-ci était situé à l'extrémité sud de la ville. À deux cents mètres de la maison, immédiatement après la place, passait une voie ferrée qui marquait la limite de la cité. Je me souviens encore de la barrière du passage à niveau et de sa petite porte latérale, qui sonnait fort quand on la laissait retomber.

Au-delà des rails c'étaient les champs de blé, les bois, la ferme de la Polonaise, le vieux château, l'usine à gaz et le Rouillat, notre ruisseau – qui avait également donné son nom à ce coin de campagne. Au sommet des buttes frisait une touffe de sapins ; c'était le Trou du Diable, surnommé « Trou du cul du Diable » par les enfants moqueurs.

J'ai grandi là, au sein de ce petit périmètre habité essentiellement par des ouvriers. J'étais une fillette gaie, spontanée et heureuse. Chez nous, pourtant, le temps était souvent à l'orage. Mes parents se malmenaient la vie.

Le coulissement de la porte du garage, dont le bruit familier nous parvenait dans la salle à manger, annonçait l'étape maudite du soir. Au premier coup d'œil, nous savions si papa était ivre ou non. Il poussait toujours le battant de la grande pièce en souriant, mais, son beau visage portait les marques du poison qui lui pourrissait le cœur. Les pommettes s'étiraient vers les tempes, les lèvres blanches s'amincissaient, les yeux clairs étaient presque transparents...

Mes deux sœurs aînées étaient sages et bien élevées : lorsque mon père survenait, elles étaient déjà couchées. Les garçons, quant à eux, abandonnaient leurs devoirs, remballaient leurs affaires en vitesse et filaient dans leurs chambres après avoir lancé le conventionnel « soir'pa'man ». Moi, j'étais si petite que je n'avais pas peur. D'ailleurs, papa ne s'en prenait jamais aux enfants. Je restais là pour accomplir la mission dont je me sentais investie : l'empêcher de frapper maman.

La dispute éclatait, s'échauffait, devenait terrible. Lorsque, dans sa démence, mon père empoignait ma mère par les cheveux, la secouait et cognait, je m'élançais dans ses jambes, l'agrippais par le pantalon et je criais. Je criais de ce timbre aigu et strident propre aux petits enfants, et papa, subitement dégrisé, me regardait d'un air hébété ; alors il lâchait prise et s'en allait, muet, le corps fatigué. On entendait son pas lourd dans l'escalier, la chute de son corps sur le matelas, puis plus rien durant de longues minutes – un silence impressionnant. Enfin, par trois petits coups frappés au plafond, mon père, calmé, réclamait à ma mère de venir se coucher.

Papa était un homme des guinguettes, dont le savoir reposait sur l'expérience. Tout jeune, il avait dû bourlinguer. Il s'était d'abord essayé à la Marine nationale puis avait pratiqué mille métiers, notamment celui de bottier pour dames à Paris et, pour finir, de menuisier à Reims. Il était spirituel et n'avait pas son pareil pour tourner en dérision les situations les plus dramatiques. Grand et de belle allure, il était doué d'une prestance et d'un humour qui suscitaient respect et admiration.

Mais, entraîné par ses collègues de chantier, il buvait. Cependant, s'il rentrait soûl à la maison, il n'y débouchait jamais la moindre bouteille : il n'y en avait pas. L'ivresse, c'était contre la famille mais certainement pas avec elle. Sans doute était-ce là sa manière de nous préserver...

Ses évasions au comptoir faisaient remonter à la surface le mépris qu'il avait pour les femmes, sa jalousie maladive, le regard d'un autre âge qu'il portait sur la vie moderne. Il s'inventait maints délires à propos de sa femme qui, si elle s'était laissé abattre dans les premières années de leur mariage, avait peu à peu appris à ne point se soumettre et lui tenait tête.

Ma mère non plus n'était pas une personne ordinaire. Elle était issue d'une famille d'émigrés italiens. Chez elle, il n'y avait jamais eu d'argent pour le superflu, mais les quatre enfants avaient été envoyés à l'école jusqu'aux études supérieures. C'était un foyer solide, strict sur la morale, catholique – mais très uni et chaleureux. Plus instruite que les femmes de sa génération – elle avait été influencée par le courant intellectuel de Paris –, ma mère était aussi plus libérale.

Papa tomba amoureux d'elle à l'instant où il la vit. Cela se passait dans un hall de gare, peu de temps après la guerre. Maman était « toute neuve », jolie, à peine sortie du berceau familial. Papa était fringant et sûr de lui. Elle avait vingt ans, il en avait trente-deux. Elle commença par le fuir, effrayée par son assurance, sa beauté, sa maturité. Malgré ses supplications, elle n'en voulut pas. Lorsqu'il parvint à ses fins, après une cour sans relâche, il agit comme s'il voulait lui faire payer les souffrances qu'il avait endurées pour elle. Ce goût de la vengeance, joint à leurs douze ans de différence d'âge, explique l'antagonisme qui régnait entre eux. Mon père exerçait sur sa femme la tyrannie d'un homme mûr, averti, ironique et désabusé – mais diablement amoureux.

J'ignorais, bien sûr, la teneur de leurs différends. J'aimais mon père autant que ma mère. Pour moi, ils faisaient un tout. Si, au cours de leurs conflits, je prenais sans hésiter le parti de maman, c'était par instinct de protection et de justice. Papa usant de violence, j'en déduisais qu'il avait tort. Mais dès le lendemain, après une heure de sévère bouderie, j'oubliais. Car il s'éveillait tout penaud et se montrait aussi gentil qu'attentionné. Il ne savait pas s'y prendre, ce qui ne l'empêchait pas d'avoir un cœur, et même un cœur gros comme ça.

Je conserve de ma petite enfance deux pages essentielles, sur lesquelles s'ouvre sans cesse le livre de ma mémoire. Page de gauche : les scènes conjugales ; page de droite : nos virées dominicales à la campagne et nos départs pour le bord de mer.

Nous attendions toujours maman, immanquablement prise au dernier moment d'une frénésie de nettoyage ; elle prétendait ensuite faire entrer tout le contenu de la maison dans la voiture. Nous chantions pendant tout le voyage, les cannes à pêche calées en long par-dessus nos têtes, un empilage de couvertures sous nos fesses et les casseroles à nos pieds.

En dehors de mes parents, la personne qui comptait alors le plus pour moi, c'était ma grande sœur (nous étions trois filles pour deux garçons). Elle était comme une seconde mère. Je la suivais partout. J'admirais ses cheveux blonds, son visage empreint de bonté et de maturité précoce. J'enviais ses robes aux couleurs vives, ses jupes gonflantes et serrées à la taille comme on en portait ces années-là. À quinze ans, pleinement épanouie, ma sœur était déjà femme. Elle quitta la maison pour se marier alors que j'atteignais l'âge de huit ans. Dès lors, je découvris le plus jeune de mes frères, celui qui allait devenir mon meilleur ami : Gilles.

Il y avait peu de différence d'âge entre nous. Nous étions les deux derniers de la famille. Gilles était un garçon hardi, d'un tempérament latin, excessif par nature. Il était doué d'une ingéniosité et d'une drôlerie sans pareilles. Il ne savait jamais faire les choses à moitié et semblait vivre à un rythme plus rapide qu'aucun d'entre nous. Chez lui, la peine se transmuait en colère, la joie en enthousiasme, l'injustice provoquait sa révolte, et la camaraderie virait à l'amitié indéfectible.

De nous tous, c'était lui le plus vif, le plus turbulent, le plus tapageur – et donc, comme on dit, le plus difficile. Il souffrait de la raillerie et, d'une manière plus générale, de tout ce qui atteignait son extrême sensibilité, mettait ses nerfs à fleur de peau ou provoquait sa susceptibilité. Gilles se rendait malheureux en nourrissant des colères rentrées. Il éprouvait l'immense besoin d'être reconnu par son père qui, hélas, lui préférait l'aîné de ses fils, plus proche de son caractère : c'était là son plus grand malheur.

Pour moi, Gilles ne fut pas seulement l'Ami. Il fut également Maître et Protecteur. De mon côté, bien que « n'étant qu'une fille » et plus jeune de surcroît, je représentais une alliée d'importance. Nous jouions ensemble, j'assistais à ses interminables bricolages et je connaissais ses copains. Il m'entraînait dans ses escapades au-delà de la plaine du Rouillat. Ensemble, nous cherchions les prétendus trésors enfouis du vieux château, ou bien encore nous explorions les champs à la recherche des éclats d'obus. Après quoi, nous rapportions ces ferrailles dans des sacs jusqu'au hangar du ferrailleur, lieu nauséabond où s'entassaient chiffons, balles de papier, bagnoles en ruine, baignoires et vélos décomposés. La chiffonnière, une vieille femme sale et ratatinée qui me rappelait « la Chouette » des *Mystères de Paris*, pesait nos richesses sur une balance aux plateaux lustrés et, aux lieu et place des centimes que nous espérions, nous payait en bimbeloterie et matériels divers dont nous n'avions que faire – mises à part les carrioles rafistolées transformées en kartings, grâce auxquelles nous organisions des courses qui ne faisaient pas longtemps mon bonheur.

Gilles et moi avons commencé par partager nos jeux, puis ce furent nos pensées et nos secrets. Les années passèrent ; elles nous changèrent, comme elles changèrent nos aînés. Après l'enfance vint l'adolescence, transition obligée dont il ne me reste que des images figées et douloureuses.

Avec le recul, j'ai l'impression d'avoir raté un passage. Car je ne comprends pas comment, en quelques années, nous nous sommes retrouvés, mes parents, mes deux frères et moi, dans un monde où la communication s'était rompue. Comme si un venin, sans qu'on y prenne garde, s'était insidieusement propagé en nous.

Papa, pourtant, ne buvait plus. Son travail d'artisan et ses journées à la pêche semblaient remplir sa vie. Maman, qui faisait du porte-à-porte dans la représentation, était absorbée par ses journées de démarchage. Toutefois, une incompatibilité chronique persistait entre eux, qui les empêchait d'entreprendre quoi que ce fût ensemble. Nous poussions donc sans tuteurs, sans greffes, comme des sauvageons, au gré de nos propres vents et de nos caractères difficiles.

Le silence semblait s'être définitivement installé dans la maison des courants d'air. Les uns entraient tandis que les autres sortaient, chacun ignorant de ce que faisait son voisin. Seule ma mère, fidèle à sa nature simple des gens du Sud, continuait de vivre avec une égale énergie, sans se rendre compte de rien.

Par fierté, on s'efforçait de résister au magnétisme du père qui, mai 68 aidant, avait perdu de son rayonnement. Les barricades, ce ne fut pas pour nous. Mais la remise en question de l'autorité, oui. Et la revalorisation de la jeunesse, oui également. Nous gagnions en prétention, en audace et en insolence, ce que nous perdions en stabilité.

Gilles avait renoncé à conquérir son père. Les deux hommes ne se parlaient plus. Jusqu'au moment où la guerre froide déboucha sur un conflit ouvert.

Un jour, Gilles se disputa violemment avec Papa. Ce dernier le renvoya. Lasse de parler divorce depuis quinze ans sans jamais mettre sa menace à exécution, ma mère réagit : elle prit ses cliques, ses claques et ses deux cadets, franchit le Rubicon et déposa son fardeau dans un petit logement distant de celui de son mari.

Papa se sentait très las. Il brandit le drapeau blanc et obtint l'armistice : mari et femme décidèrent de rester ensemble. Maman laissa Gilles dans l'appartement et, dès lors, se partagea entre ses deux foyers.

Livré à lui-même, mon frère mit le doigt dans une mécanique admirablement huilée, un fléau mortel qui, dans les dix années qui allaient suivre, devait m'enlever les deux hommes auxquels je tenais le plus dans la vie. Mon frère et mon mari. Ce fléau s'appelle délinquance.

DÉLINQUANCE

Dans la vie d'un homme, il faut remonter loin pour trouver les origines de la délinquance. À quel moment la brèche s'est-elle ouverte ? Les facteurs visibles sont-ils les seuls ? Personne ne sait jamais quelles blessures un individu garde en lui... Quoi qu'il en soit, Gilles trouvait son compte dans la marginalité. Plus qu'insoumis, c'était un révolté. Des anciens copains avec qui il avait refait le monde, beaucoup étaient partis pour l'usine. Le décalage s'était approfondi entre eux. Lorsqu'ils se retrouvaient, ils parlaient encore des hippies (qu'ils devaient rapidement mépriser), des Pink Floyd, des Stones, de Che Guevara et d'Auguste Blanqui. Mais le cœur ne suivait plus. Gilles devenait le garant de leur jeunesse. Lui seul n'oubliait pas leurs idées passées.

Il se tenait pour un échappé de la vie rangée, et il en était fier. Mais il ignorait qu'en réalité, il était déjà largué sur sa plate-forme, emporté vers une dérive solitaire et terrible.

Il voulait vivre comme il l'entendait et pas autrement. Ainsi s'exprimaient sa fougue et sa révolte. Pour lui, la délinquance avait à voir avec l'anarchie et, à condition d'y mettre de la rigueur, avec les idées révolutionnaires qui l'attiraient. Cela devint une ligne de conduite. Lorsqu'il commença à se frotter à la police, il se prit pour un chevalier. Il épatait les autres tout en bravant l'autorité. Il n'agissait que pour le plaisir du risque sans filet, la folle envie de passer les bornes et de se mesurer à ses propres limites.

Il n'avait pas encore basculé.

La justice ne l'émut guère, et la prison, qu'il connut la première fois pendant six mois fermes, lui parut résulter de ses propres maladresses. Il avait mal joué. Cependant, cette première secousse le projeta dans une société parallèle où il crut reconnaître, à travers une apparente sincérité, des règles d'honneur et une mentalité sortant des sentiers battus. En somme, l'ambiance particulière des premiers romans d'Auguste Le Breton, qui l'avaient tant ému. Il savait déjà que les flics et les magistrats appartenaient à un monde différent. Il découvrit qu'il en existait d'autres. Une route s'ouvrait devant lui. L'enfant rebelle s'y aventura les yeux fermés.

Il fit la connaissance de délinquants chevronnés dont les vantardises l'émerveillèrent. Il se berça de leurs aventures rocambolesques, sans imaginer un seul instant qu'elles n'étaient que chimères. Il se joignit à ces aînés révérés et leur fit la courte échelle au cours de cambriolages sans grandeur. Hélas, les malfrats étant vantards, ils parlaient beaucoup. Certaines confidences malheureuses échouèrent au creux d'oreilles qui n'auraient pas dû traîner. Gilles se fit reprendre.

Il tomba de très haut. Son goût pour les héros s'en trouva fortement émoussé. Mais ses démêlés avec la justice et la survie en prison, dont il ressentit plus encore la froideur et la dureté, le confortèrent dans le choix qu'il avait fait : il n'était plus question de prendre un autre cap. Il demeurerait insoumis, anarchiste, marginal et voleur.

Logique avec lui-même, il devint un « bon » voyou, dans tous les sens du terme. Il se spécialisa dans les casses, boulot d'artisan peinard et solitaire qui exigeait finesse, débrouillardise, vigilance et opiniâtreté. Il visait les entrepôts, les usines, les bureaux ou les ateliers, et passait à l'action la nuit, lorsqu'ils étaient déserts. Ainsi écartait-il le risque de se trouver face à des particuliers. Il ne faisait pas le mal : il faisait, voilà tout. Le travail était souvent exténuant, mais Gilles était content : il avait trouvé sa voie. Celle-ci, pensait-il, respectait les exigences de « la mentale » : loyauté, droiture, courage.

Ma mère s'efforçait de lui faire reprendre le droit chemin. Qu'il fût enfermé ou en cavale, elle ne l'abandonnait jamais. Lorsqu'il était en prison, elle courait des juges aux avocats. Quand il sortait, elle le prenait sous son aile. Elle alla même jusqu'à l'inscrire à un stage professionnel – il choisit la serrurerie. Elle lui cherchait du travail. Elle poussait la prudence jusqu'à l'accompagner chaque matin à la porte de l'entreprise. Gilles attendait qu'elle eût tourné les talons pour décamper à son tour.

Lorsque, entre deux conversations, je lui disais qu'il ferait peut-être mieux de songer à autre chose, il riait et répondait :

– Si je ne suis pas riche à trente ans, j'arrête !

Il accomplissait ses casses comme des farces. Ses prouesses de monte-en-l'air consistaient à déménager seul, sous couvert de la nuit, des coffres-forts trois fois plus gros que lui, ou des marchandises quelconques, mais monnayables. Plus ses affaires semblaient tirées par les cheveux, mieux il les aimait. Il lui arrivait de pousser la dérision jusqu'à faire ses courses dans les supermarchés de la région. Il y allait toujours la nuit, se promenant entre les rayons déserts, un chariot devant lui et une lampe torche à la main. Il consultait sa liste et se servait tranquillement, sans craindre l'affluence.

Il me racontait certaines de ses aventures. Quelques-unes me faisaient rire. D'autres provoquaient mes réticences. Il les balayait d'un revers de la main :

– C'est l'interdit social qui te fait parler ! Tu n'es qu'une petite-bourgeoise !

Peut-être, mais j'étais la seule avec qui il acceptait de discuter. Il me disait que le monde était pourri, qu'il était un franc-tireur. Au fil des années, il confortait ses arguments sur la pierre rugueuse de l'expérience.

Les barreaux avaient attisé sa révolte. Il disait qu'en prison, ce cimetière des fous, on devient un corps sans âme, que ceux qui s'y trouvent souffrent tous de blessures invisibles. Lui-même avait été victime d'humiliations, de mauvaises fois écœurantes, de méchancetés et de médiocrités innommables. Les gardes à vue, les flics, les trahisons, les coups foireux, les cavales, les honnêtes gens qui n'ont que la morale à la bouche... tout cela l'avait dégoûté à jamais de la vie prétendument honnête.

– La délinquance n'est pas un engrenage mais une escalade, m'expliquait-il.

Je l'écoutais, me demandant jusqu'où cette escalade le conduirait. Et puis j'oubliais. Je l'aimais pour ce qu'il était, et donc pour sa marginalité aussi. Je finissais par accepter sa nature d'écorché vif.

Lorsque je ne jouais plus les anges gardiens, il se laissait aller aux plaisanteries. Il avait un tel toupet, ses histoires étaient si drôles que je cédais toujours à sa bouffonnerie. Celle-ci ôtait de leur gravité à ses activités du soir. Même ses histoires de prison, parfois, provoquaient nos fous rires.

Entre les barreaux, Gilles avait découvert un ami. Ils avaient fait des blagues ensemble, comme ce jour où, après avoir colmaté le bas et le tour de la porte de leur cellule avec des chiffons, ils avaient jeté des seaux d'eau par terre pour glisser, rire et nager, en slip, le cul dans la flotte, au nez et à la barbe des gardiens.

Et cette autre fois, lorsque son ami s'était évadé de la prison de Châlons. Ils étaient trois en cellule : Gilles et son camarade, considérés comme des jeunots par le troisième, un vieux truand qui leur en mettait plein la vue en leur racontant des histoires de milieu à faire froid dans le dos. Seul Gilles, libérable le mois suivant, avait décidé de ne pas faire la belle. Son rôle consistait à donner un coup de main à ses codétenus.

La nuit venue, les trois hommes avaient démonté la porte de leur cellule, puis ils avaient transporté les draps et les montants des lits superposés à travers les coursives. Les pièces de métal furent ajustées par-dessus le chemin de ronde, entre le premier et le second mur d'enceinte. Sans tarder, le copain de Gilles s'aventura sur cette passerelle de fortune. Quand son tour arriva, le vétéran se déballonna : ses jambes se mirent à flageoler, et il fut incapable d'avancer d'un pas. La trouille panique eut raison de sa bonne volonté. Réformé sur place, le candidat à la cavale revint à son point de départ, soutenu par le jeunot libérable.

Lorsque les gardiens de la ronde découvrirent l'évasion, ils fouillèrent les cellules et, finauds, pensèrent presque aussitôt que l'évadé nichait dans cette pièce où la porte était dégondée et où les lits manquaient.

On appela le directeur. Il survint au beau milieu de la nuit, à temps pour mesurer les dégâts : un premier détenu s'était envolé ; le deuxième dormait, couché sur le sol ; le troisième, plus âgé, l'accueillit par ces mots :

– Ne vous en faites pas, Monsieur le Directeur ! Le gros poisson n'est pas parti !

Il se désignait lui-même, ayant récupéré l'assurance de son cerveau en même temps que celle de ses jambes.

On secoua Gilles.

– Eh quoi ! fit-il en se redressant. On n'a pas le droit de dormir, ici ?

– Et les lits ? Et les draps ?

Le directeur en suffoquait !

– Où sont passés les lits et les draps ?

– Je ne sais pas, moi !

– Mais vous n'avez rien vu ?

– Rien vu, rien entendu ! répondit Gilles, mimant le parfait imbécile. Je prends des somnifères, vous savez. À cause de « l'insomnie »...

Les matons tournèrent les talons, suivis par leur maître à tous qui, pour une fois, n'en menait pas large. Il venait de laisser s'échapper un homme qui n'en était encore qu'à son coup d'essai, et qui deviendrait bientôt, par nécessité, le prince de la cavale, le roi de la belle, recherché par toutes les polices de France et de Navarre : Michel Vaujour.

MORT D'HOMMES

Je me mariai à dix-sept ans. Mon mari en avait dix-huit. Nous choisîmes de vivre ensemble comme sur un pari : pour se démarquer des copains qui se fréquentaient sans oser parler mariage. Ce fut une belle cérémonie, une grande réception. Papa m'avait offert une robe de mariée en dentelle et avait largement pris en charge les frais de la fête. C'est pourquoi, la veille du mariage, je n'osai lui avouer que je n'étais plus sûre de désirer cette union. Néanmoins, mon jeune mari était d'une si grande gentillesse que nous fûmes heureux ensemble. Trois ans après notre installation, notre fille Myriam naissait.

Papa ne connut pas cet enfant. Un jour de 1973, il entra en clinique pour y subir une opération. Il en avait repoussé l'échéance afin de profiter encore du bel été. Nous avions passé cette saison ensemble, à pêcher sur les bords de la Marne. Papa se sentait vieux et fatigué. Il n'avait pourtant que cinquante-neuf ans.

Les médecins détectèrent un cancer. Mon père était épuisé. Je passais le voir à la clinique en sortant de mon travail. Il souffrait. J'aurais voulu pouvoir le soulager, que ses douleurs disparaissent, qu'il guérisse. Devenue femme, je comprenais que je ne savais rien de cet homme, sinon que je l'aimais. Il emportait avec lui son mystère, ses sentiments, les paroles que nous n'avions pas prononcées.

Il était Le père, et au crépuscule de sa vie, j'aurais tout donné pour pouvoir recommencer et le réapprendre. Mais il n'avait plus envie de lutter. Il ne prenait pas les pilules qui attendaient sur sa table de chevet, et demandait à ma mère de jeter tous ses médicaments.

Il mourut dans la nuit du 5 au 6 octobre 1973, à trois heures du matin. C'était un samedi. La ville s'éveillait à l'animation du week-end. Pour la première fois de ma vie, je sentis le temps s'arrêter. Un verre épais m'isolait du reste du monde ; je ne comprenais pas que l'on bouge encore autour de moi, que l'on vive et que l'on parle.

La mort de mon père fut un choc. Nous étions tous anéantis.

Gilles ne laissa rien paraître, mais tout ce qui n'avait pas été dit, tout ce qui aurait pu se faire, n'existerait plus jamais et cela faisait une sacrée différence. En plus du chagrin la disparition de papa nous laissa un sentiment d'inachevé et d'irréparable.

Cinq années passèrent. Entre 1973 et 1977, nous prîmes le temps de faire et de défaire nos existences. Gilles avait découvert la femme de sa vie, une ouvrière qui travaillait dans l'atelier situé en face de son petit logement. Elle lui donna deux enfants. Je quittai le foyer conjugal, emportant ma fille avec moi. J'avais aimé mon mari, je ne l'aimais plus. L'honnêteté me poussa à rompre plutôt qu'à faire semblant.

Je croyais, naïve, que la vie reprendrait paisiblement son cours, marquée ici et là par quelques impondérables qui ne nous abattraient pas. Hélas, survint 1978.

1978 : L'année maudite.

Un soir, Gilles pousse la porte d'un café. Il trinque avec d'anciens compagnons. Un verre, deux verres... Il boit, oubliant que ce n'est pas son habitude. On parle, on plaisante. Quelqu'un lance :

– Et Nadine ?

Sujet brûlant. Ma rupture conjugale revient sur le tapis. L'un des camarades de Gilles a un mot. Un mot de trop. Une bagarre éclate. Et Gilles s'enflamme. Il défend sa sœur, mais il la défend trop bien : avec poings et couteau. L'autre tombe. Stupeur. Gilles est devant le corps, la lame à la main. Le sang s'écoule. Hébété, il soulève le blessé et l'emporte à l'hôpital. Il attend. On lui dit de revenir. Il disparaît, se cache dans une tanière. C'est là qu'il apprend, le lendemain, la mort de son copain.

L'homme est un des nôtres, un enfant de la Case-Fayère. Ce n'est pas un accident, et pas un crime non plus. C'est pire que cela : un fratricide. Gilles a fauché l'âme d'un frère.

Du jour au lendemain, nous sombrons au cœur de la tragédie. La presse locale s'en mêle. Les parents de la victime menacent mon frère aîné, de même que ma mère. Gilles est introuvable, caché dans une ruelle de Reims. Mais l'abri n'est pas sûr. Une nuit, à cinq heures du matin, j'emprunte une voiture et vais le chercher. Dans le coffre et sur la banquette arrière, j'ai apporté du matériel. De quoi tenir un siège : matelas, réchaud, conserves, batterie de cuisine, linge, vêtements...

Gilles monte. Nous nous regardons dans l'ombre. Le silence est lourd.

– Tu as une carte ?

Je lui montre la boîte à gants. Il l'ouvre, trouve la carte, la déplie et l'observe à la lueur du plafonnier. Puis, au hasard, il pointe une localité dans un rayon de trois cents kilomètres autour de Paris et déclare :

– Tours. Allons à Tours...

Il ne me fallut que trois jours pour dénicher un studio et y installer mon frère. Il y resta huit mois. Puis, au cours de l'été, il fut arrêté.

Entre-temps, à Reims, ma mère mit la maison familiale en vente et décida de déménager en région parisienne. Quelques semaines plus tard, je quittais à mon tour ma ville natale, laissant derrière moi mon enfance et mon jeune passé. Un raz de marée m'avait basculée cul par-dessus tête et je me retrouvais sur le pavé d'une province que j'avais aimée, pestiférée, étrangère à son pays. Je m'en allai doublement : par la distance et par le cœur.

J'entrai dans Paris comme on se retire à la campagne. Ma mère, ma fille et moi emménageâmes dans un drôle de petit pavillon de la banlieue sud, laissé par Nono, mon grand-père maternel ; avant d'être trop vieux, la Nona et lui avaient décidé de rentrer dans leur Italie natale afin d'y finir leurs jours.

Bâti pièce après pièce, au fur et à mesure des naissances, le pavillon était plutôt original ; il me faisait penser à un jeu de mikado. Dans les souvenirs de ma mère, à l'époque où le quartier s'appelait celui des « Macaronis », il existait une autre maison de ce style, et même bien plus caractéristique car les pièces s'y amoncelaient en hauteur, en sorte que tous les gosses l'appelaient « la tour Eiffel ». Alors, la banlieue marquait la limite de la campagne. On y trouvait encore des fermes et les grands maraîchers de la ceinture parisienne. Lorsqu'elle considérait le foisonnement d'immeubles qui comblait les espaces entre les zones pavillonnaires, ma mère repensait avec nostalgie aux terrains ondulés par les « tremblants », ces longues herbes dorées aux graminées fragiles, qu'elle avait connues durant sa jeunesse.

Peu à peu, elle reprit courage. Quelque temps après notre installation, nous parvînmes à nous organiser. Pendant que j'allais travailler, maman gardait ma fille. Celle-ci vivait entre nous, ses deux mères à sa disposition, libre et insouciante.

Aussi prudente qu'un chat échaudé, je me gardais bien de me lier au-delà de mes obligations professionnelles. À défaut de bonheur, nous nous réjouissions de retrouver la paix. Et je n'imaginais pas qu'un événement, quel qu'il fût, troublerait un jour cette quiétude.

L'événement en question se présenta un matin, au début de l'année 1980. J'étais occupée à préparer quelques kilos de haricots lorsque la porte s'ouvrit sur un homme que je ne connaissais pas. Il était bien mis et d'une extrême politesse. Son regard était comme une ligne bleu ciel encaissée sous des arcades sourcilières blondes. Il avait un nez long et fort, autoritaire, des pommettes hautes, des lèvres fines, une fossette au menton. Des boucles dorées lui descendaient sur le front. Il dégageait un charme extraordinaire.

– Je cherche Gilles. C'est bien votre frère ?

– Il n'est pas là, dis-je sans me lever.

– Je suis un de ses amis. On s'est connus à Châlons... Je m'appelle... Daniel.

Il fixait sur moi un regard impénétrable. Il montra une chaise et demanda s'il pouvait s'asseoir. J'acquiesçai doucement. Il me parlait avec une douceur mêlée de respect. Pour lui, je n'étais pas n'importe quelle femme : j'étais la sœur de son ami.

Il se détendit, et la conversation s'engagea. J'observai ses gestes, ses mains, son visage. Je fus frappée par son humour et aussi par la formidable énergie qu'il dégageait en dépit de sa réserve. C'était un homme fin et intelligent. Étrange, surtout. Il y avait un contraste surprenant entre sa force apparente et la douceur de son expression, mélange de virilité et de délicatesse naturelle. Tout ce qu'une femme attend généralement d'un homme se trouvait chez lui.

Tandis qu'il me regardait effiler mes haricots verts, l'agacement peu à peu s'emparait de moi. Je m'en voulais d'être sensible à son charme. Et puis j'avais honte. Comme à l'accoutumée, j'étais attifée plutôt qu'habillée. Surtout, je portais mes sempiternelles pantoufles, si usées et déformées qu'on ne devinait leur nature que parce que je les avais aux pieds. Coincée derrière ma table, le nez dans mes légumes, je poursuivais mon ouvrage culinaire le plus naturellement possible, priant le ciel pour n'avoir pas à me lever et pour que l'inconnu ne vît pas mes chaussons.

Aujourd'hui encore, je me demande comment j'ai pu plaire à Daniel – ou plutôt, à Michel Vaujour. J'étais farouche, peu expansive, pas spécialement drôle ; un peu jolie peut-être, mais seulement les jours où j'en avais envie. J'aimais mon indépendance. Je l'avais choisie pour ne pas avoir à vivre des sentiments approximatifs, pour ne pas entrer dans ces sortes de faux bonheurs que je voyais autour de moi. Je restais sans cesse sur le qui-vive, soucieuse de demeurer en accord avec moi-même et en désaccord avec autrui chaque fois qu'il le fallait. Et pourtant, lorsque je revis Michel pour la deuxième fois, mes défenses s'effritèrent davantage encore.

Je fus moins gauche car, revenant du bureau, je n'étais pas la souillon qu'il avait rencontrée la première fois. Mais j'étais émue, sur mes gardes, comme si j'avais couru quelque danger. Notre maison, pourtant, était tranquille. On eût dit qu'il n'osait la troubler. Il parlait à voix basse et semblait ne pas avoir envie de partir. Moi, tout au contraire, trop sensible à sa présence, enveloppée par son charme, je me rétractais et ne souhaitais alors qu'une chose : le voir disparaître.

Et ce fut ainsi chaque fois que nous nous revîmes. Lorsqu'il n'était pas là, je l'attendais. Je sursautais à la sonnerie du téléphone. Quand je poussais la porte de notre petit pavillon, je me demandais toujours si je n'allais pas le trouver là à m'attendre, avec des fleurs. Au bureau, mes doigts devenaient lourds sur le clavier de la machine à écrire. Une demi-heure avant la fin de la journée, je rangeais mes affaires et me campais devant la glace, soignant coiffure et maquillage...

Parfois, il m'attendait dans un petit bistrot guère reluisant, sombre et légèrement poisseux, dont la patronne, une grosse femme sympathique à ses heures, cuisinait avec art des omelettes au fromage. Il me saluait d'un grand sourire, semblait s'amuser de mon maquillage tout neuf et m'emmenait dans un autre café où les sièges, plus hauts et plus profonds, se prêtaient mieux à la conversation. Il parlait. Il semblait heureux. Il racontait des histoires d'enfant, de campagne, d'oiseaux, et je l'écoutais, fascinée, semblable à une môme découvrant un conte. C'est dans ce café qu'il m'apprit qui il était. Peu m'importa : j'étais impressionnée par l'homme plutôt que par le personnage.

Un soir, il me raccompagna jusqu'au métro. Je me rappelle qu'un vent violent soufflait dans le couloir, et que nous marchions côte à côte, bataillant contre la bise. Nous avions beaucoup ri cet après-midi-là, et sans doute étais-je plus triste que d'habitude à l'idée de le quitter.

Au bout du couloir, il se tourna vers moi et me demanda soudain :

– Tu veux sortir un petit peu avec moi ?

Hésitante et spontanée à la fois, je répondis oui. Puis la timidité m'emporta, et je me mis à courir vers la bouche du métro.

MICHEL VAUJOUR

Michel vagabondait d'hôtel en hôtel. Il était impossible à joindre. C'était toujours lui qui m'appelait, la plupart du temps depuis une cabine téléphonique, et seulement pour me glisser d'une voix enfantine quelques mots tendres et enjoués. Cela plusieurs fois par jour.

On se rencontrait à Paris, dans un café ou au square, devant les cinés ou les grands magasins. Il m'offrait des petits cadeaux, cherchait à me combler, voulait me faire partager ses élans et m'aider à découvrir cette beauté qu'il savait voir en toute chose.

Nous marchions, nous tenant par la taille ou par la main, allant au rythme de ses pas, longs et décidés. Il me dérobait. Nous traversions les rues et les passages, longions les ponts et les vitrines. Parfois, il stoppait net et me parlait de l'instant : un ciel bleu, un pigeon, une péniche... Il était attaché à tous les plaisirs de la vie. Lorsqu'il m'invitait au restaurant, il choisissait une bonne table et des bons vins, veillait à ce que je sois heureuse, et alors, seulement, attaquait son repas. Deux gorgées de vin rosé suffisaient à l'égayer. Il s'embarquait dans des histoires qui me faisaient mourir de rire, renversait une salière, tachait la nappe – lorsqu'il s'abandonnait à la confiance, il était d'une distraction inouïe.

À la fin du repas, il me parlait d'amour sans cesser de sourire pour me taquiner. Puis il me quittait pour un rendez-vous, et nous nous retrouvions un peu plus tard, en un lieu qu'il choisissait.

C'était un homme pressé qui jonglait avec un emploi du temps surchargé. Il se fixait des impératifs et n'y dérogeait sous aucun prétexte. Il s'imposait une discipline de fer, qu'il respectait en toute matière, ne cédant jamais au laisser-aller et à la désinvolture.

La première fois qu'il m'emmena dans sa chambre d'hôtel, je fus surprise par l'ordre qui y régnait. Ses affaires étaient disposées de manière très fonctionnelle ; rien n'était superflu. Je l'imaginais, préparant chaque soir ses vêtements du lendemain ainsi que les objets qu'il utiliserait, et jetant au fur et à mesure ce dont il n'avait plus besoin afin de ne pas être encombré par des poids morts.

Rien ne me surprenait tant que de voir cet homme débordant de vie déambuler dans un tel univers d'ordre et de rigueur. En lui, tout n'était que contraste. Sous la douche, lorsque l'eau ruisselait sur ses larges muscles, il paraissait plus nu que nu. Et sitôt qu'il rejoignait sa chambre et revêtait les vêtements stricts que je lui connaissais, il semblait perdre sa vitalité, sa tendre douceur et son enthousiasme naturels.

Je compris rapidement que tout ce qui lui était extérieur était pensé, réfléchi, et ne devait répondre à d'autre critère que celui de l'efficacité. Personne ne pouvait connaître Michel s'il ne l'avait pas approché de très près. J'avais cette chance car, m'avait-il dit, pour la première fois depuis longtemps, il se sentait en confiance et réellement bien avec quelqu'un – une femme, qui plus est.

Il nous aimait pour le plaisir que nous lui apportions, mais ne concevait pas de vivre au côté d'une compagne. Il appréciait la legèreté, la futilité et la sensualité, mais pas au point d'aliéner son existence pour elles. Ses hôtesses de passage le satisfaisaient. Il tenait à sa liberté avant tout. De temps à autre, en manière de plaisanterie, il me disait que la femme était pour lui comme une coupe de champagne : pétillante, agréable, vite bue et rapidement oubliée. Le problème, c'est qu'avec moi, il était plutôt tombé sur une bière brune, moins légère et pas si facile à digérer.

Probablement est-ce la raison pour laquelle il me permit de tout connaître de lui. Nous parlions beaucoup, sans guère d'interruptions. Les dialogues coulaient entre nous au gré de nos pas et de nos gestes. Avec lui, on ne s'ennuyait pas : on oubliait le temps.

Il était né dans les Ardennes et avait passé le plus clair de son enfance à la campagne. Puis ses parents étaient venus s'installer à Châlons-sur-Marne. Michel ne s'était jamais adapté à la vie urbaine. Très tôt, ses carnets de notes et les appréciations de ses professeurs témoignèrent de son inadaptation à la vie urbaine. Mais il n'avait pas d'autre choix.

Il connut une première fois la prison (pour mineurs) après une bagarre de rue. N'étant pas mauvais garçon, il se repentit et, dès sa libération, commença à travailler. Il fut apprenti puis magasinier. Le samedi soir, avec ses copains, il jouait à faire valser les voitures. Les voitures étaient volées. Il revint en prison. Chez les « grands ».

Tout comme Gilles, mais aussi tout comme n'importe quel jeune en contact avec les anciens, Michel apprit à recommencer. « En plus intelligemment » (comme on dit en prison), donc en plus grand. C'est ainsi qu'il entra dans la vraie délinquance.

En 1969, à l'âge de dix-huit ans, il tomba de nouveau pour une série de vols. Verdict : trois ans fermes et cinq ans d'interdiction de séjour. La condamnation était lourde.

À sa libération, en 1972, théoriquement libre, il se retrouvait de fait en cavale puisque ses parents, ses amis, sa ville et sa campagne lui étaient refusés. Par la force des choses, il devint récidiviste.

En 1973, il retourna en prison. Il y rencontra mon frère. Les deux hommes nouèrent une amitié très forte, unique en son genre. Enfermés dans la même cellule, ils partagèrent les sentiments qui les étouffaient l'un et l'autre – sentiments semblables puisque leur histoire elle-même l'était. Ils se confièrent tout ce qu'ils possédaient encore, c'est-à-dire, pour l'essentiel, leurs souvenirs, leurs regrets, leurs aspirations, la haine, la passion d'une jeunesse meurtrie.

Ils n'étaient en désaccord que sur un point : Michel se préparait aux braquages alors que Gilles s'y refusait obstinément. Selon lui, les attaques à main armée se déroulaient toujours en un éclair, et les choses sérieuses commençaient quand tout semblait terminé : le repli, la course folle, les impondérables. Avec les cambriolages, le gros travail se faisait sur place et, le danger étant moindre, on pouvait y aller sans armes. À cela, Michel répondait que s'il devait un jour « monter » avec un revolver, il ne mettrait qu'une balle dans le canon : pour lui-même, en cas de malheur. Car ces hommes qui risquaient la prison à chaque geste devenaient fous une fois qu'ils y étaient. Ils ne s'y faisaient jamais.

En 1973, Gilles aida Michel à se faire la belle de la prison de Châlons. En 1975, Michel fut repris. Il s'enfuit à nouveau. Quelques mois plus tard, il fut arrêté. Il n'était plus seulement un délinquant mais aussi un évadé. La bête noire des geôliers.

– Vaujour, je vous casserai !

Ainsi l'accueillit le directeur de sa nouvelle prison.

Étiqueté « DPS », détenu particulièrement surveillé, Michel fut placé dans un Quartier de Haute Sécurité. Cette mesure n'avait pas été prise en fonction du critère communément admis, soit la dangerosité (il n'avait jamais recouru à la violence), mais parce qu'il avait une nette propension à s'évader. Dès lors, Michel fut considéré comme un criminel et non plus comme un délinquant.

Il faisait l'objet de deux instructions. La première, dans la Marne, pour deux ou trois délestages de caisses de stations-service. La seconde, dans le Nord, concernait deux attaques de banques. Il s'était présenté une première fois au guichet armé d'une arme factice, puis avait fait un remake quelques semaines plus tard, ponctuant son action d'un « Coucou, c'est encore moi » qui lui avait valu la sympathie du petit personnel.

Cette folle équipée était jalonnée d'une ribambelle de vols d'automobiles, le tout suffisant à faire du monstrueux individu enfermé en QHS l'ennemi public numéro un.

Michel fut jugé à Lille pour les deux hold-up. D'après la Cour, que le pistolet fût vrai ou non ne changeait rien à l'affaire, même si le plastique prouvait que le jeune voyou n'avait jamais eu l'intention de blesser ou de tuer. Total : quinze ans.

Jusqu'alors, Michel n'avait pas compris les règles du jeu. Il était par trop immature. Il reçut le verdict comme un coup de poing en plein visage. L'injustice le poursuivit jusque dans sa cellule, parallélépipède de béton peint en jaune et doté d'un lit, d'une table, d'une chaise et d'un placard moulés dans le même matériau et scellés au mur. Ce vase clos jaunâtre restait éclairé vingt-quatre heures sur vingt-quatre ; les gardiens y glissaient la nourriture à travers une grille.

Pendant de nombreux mois, Michel vécut dans des conditions extrêmement dures. Il mena un combat de tous les instants contre des mesures qu'il ressentait comme une tentative délibérée de destructuration de sa personnalité. Dans ces lieux oubliés, il était en butte au pire arbitraire. Les rapports avec les seuls hommes qu'il voyait – des gardiens volontaires – ne passaient que par l'opposition et la violence. Sa vie était gâchée.

Jugeant injuste sa condamnation et monstrueuses ses conditions de détention, il se défit peu à peu de ses ultimes illusions. La morale conventionnelle lui fut comme un fatras ligotant les esprits, châtrant les hommes de leur réalité. Son mode de survie reflétait la réalité sociale, puisqu'il en émanait. Tout, à ses yeux, s'était disqualifié.

Tandis qu'on le brisait dans sa chair et dans son âme, il entreprit un profond travail cérébral afin de se reconstruire sur des bases capables de l'aider à lutter contre l'oppression. Oublié dans son trou bardé de fer, il redouta de mourir ou de devenir fou. Il décida de se faire plus mal encore et de ressentir ainsi la vie qui courait en lui. Il jeta sa paillasse et dormit à même le béton. Lorsqu'il se laissait aller à la paresse ou à l'abandon, il se plantait face au miroir et morigénait son image. Il s'interdisait d'éprouver le moindre plaisir. Il refusait de répondre au bonjour quotidien des gardiens ; faire la révérence au jour qui commence, alors qu'il n'apportera rien d'autre que la conscience du temps qui coule goutte à goutte sur une blessure ouverte, n'était-ce pas une insulte, une moquerie, une humiliation supplémentaires ?...

Peu à peu, il se blinda. Il devint totalement hermétique, dissimulant ses émotions, ses sentiments, ses désirs profonds. On le croyait dangereux, irrécupérable, fou. Il abritait secrètement une tendresse profonde, un amour et un respect immodérés de la vie.

Un jour qu'il doutait d'exister encore, il s'entailla le bras pour voir si son sang était encore rouge : il avait craint de le voir blanc. Et il regarda longuement ce ruisseau doux et chaud perler à fleur de peau.

Il recourut au yoga et à la méditation, pervertissant la finalité de ces méthodes afin qu'elles lui viennent en aide. Il comprit que l'idée et la peur de la mort (fussent-elles inconscientes) l'empêchaient d'aller au bout de lui-même. Il l'accepta donc, et admit qu'il se sacrifierait si la délivrance était à ce prix. Il irait aux frontières de la vie, à l'extrême limite. Ce serait la liberté ou la mort.

Le 15 janvier 1979, il devait être conduit au palais de justice de Châlons-sur-Marne pour y subir le dernier interrogatoire avant la clôture de son dossier. Il décida de jouer son va-tout à cette occasion.

Il se prépara minutieusement. Dans un bloc de savon de Marseille, il sculpta un pistolet qu'il noircit au cirage. Il introduisit une petite pile cylindrique dans le canon afin que, de face, on eût l'impression d'un intérieur métallique. Il utilisa un coupe-ongles pour simuler le bruit du chien. Cela fait, recourant à des techniques d'illusionniste, il mit au point un tour de passe-passe lui permettant de dissimuler son arme au regard et à la palpation des gendarmes qui le fouilleraient avant d'arriver au palais. Le 15 janvier, il était prêt.

Il franchit sans encombre les fouilles diverses et parvint dans le cabinet du juge d'instruction muni de son arme. On lui ôte ses menottes. Il répond aux questions. Lorsque l'audience touche à sa fin, il ne s'est pas encore décidé. Par la fenêtre, il voit s'épaissir l'obscurité d'un soir d'hiver. Un véhicule klaxonnant dans la rue lui donne le sursaut nécessaire. Il demande à être conduit aux toilettes. Cette formalité apparente est essentielle pour une question de vraisemblance : s'il veut faire croire à une arme réelle, Michel doit persuader les gendarmes qu'elle a été préalablement dissimulée à son intention.

De retour dans la pièce où le juge l'attend, il dégaine. Stupéfaction. Michel fixe tour à tour le juge et les trois policiers. Sa main ne tremble pas, bien qu'il sache que son existence ne tient qu'à un fil : face à lui se tiennent trois hommes armés et exercés au tir.

L'un des policiers sort son arme, la pointe sur le visage de Michel, arme le chien et dit :

– Monsieur Vaujour, vous ne sortirez pas d'ici vivant.

Michel a recours à son seul atout : le mépris de l'existence qui l'attend s'il revient « là-bas ». Il considère l'autre bien en face et joue banco : il arme le coupe-ongles. Il bluffe. Il attend. Dans le cabinet, la tension est extrême. Enfin, il ramasse la mise : les policiers baissent leurs armes.

– Vaujour, on te retrouvera.

– Pas sûr !

Michel s'enfuit dans les couloirs du palais, emportant le juge en otage. Une année plus tard, il frappait à ma porte. L'homme que je découvrais avait passé trois ans en QHS. Il n'avait plus rien de commun avec le petit délinquant qu'avait connu mon frère. De plus, il n'en avait plus les moyens : il était en cavale.

LA VIE DE FAMILLE

Si nous ne nous étions pas rencontrés, Michel aurait poursuivi son chemin, solitaire et libre. Il était suffisamment fort, intelligent et doué pour atteindre son but. Celui-ci était clair : Michel voulait quitter l'Europe pour l'Amérique du Sud. En prison, il avait appris l'anglais et l'espagnol. Pendant ses trois années d'isolement, il n'avait pensé qu'à sa survie entre les murs et à sa vie d'« après ». Il comptait s'installer dans un de ces paradis fiscaux qui accueillent les immigrants à bras ouverts et les protègent contre les agressions extérieures, pourvu qu'ils arrivent les poches pleines. Il aurait épousé une fille de là-bas qui lui aurait donné sa nationalité, le garantissant ainsi contre une éventuelle extradition.

Les premiers temps, sa préoccupation essentielle consistait à préparer son départ. Il m'avait demandé si je pouvais l'aider en l'accompagnant le temps du voyage. J'avais accepté de lui rendre ce service. Nous avions décidé que je ferais l'aller puis le retour, et que notre aventure s'arrêterait là.

Les semaines puis les mois passant, le projet de voyage tomba dans l'Atlantique. La route de Michel Vaujour avait croisé la mienne, et j'étais devenue le grain de sable qui avait enrayé la belle machine. Même si je ne me l'avouais pas encore, je percevais confusément que Michel était l'homme de ma vie. Et j'étais devenue sa compagne, seule capable de le retenir au port. Pour autant, je ne voulais pas m'exiler au bout du monde. Ces nécessités n'étaient pas les miennes. L'Italie ou l'Espagne, d'accord, mais pas plus loin, et pour quelques jours seulement.

Au printemps 80, grâce à une petite annonce parue dans un journal de quartier, je dénichai une boutique à vendre. Je l'achetai et délaissai mes activités d'employée de bureau pour celles, plus hasardeuses, d'antiquaire.

Je ne connaissais rien à la brocante. Mon seul atout résidait dans un goût prononcé pour les vieilleries, que j'aimais depuis que j'étais toute môme. Je me lançai dans cette nouvelle occupation avec énergie et plaisir. J'adorais le travail d'atelier, réparer, poncer, teindre et retaper les pièces que j'avais dénichées. Lorsqu'elles étaient prêtes, je m'en séparais toujours à regret.

Je passais mes journées à courir des salles de ventes aux revendeurs particuliers, et de là au magasin. Le soir, je retrouvais Michel et ma fille. Je leur préparais des petits plats, ce qui n'était pas sans me surprendre, moi qui croyais avoir rompu à jamais avec les us et coutumes des ménagères. Mais je devais bien en convenir : ma vie avait changé. J'étais heureuse.

Ma fille était tellement attachée à moi que, les premiers temps, j'avais redouté de la voir refuser cet homme qui prenait de plus en plus de place dans notre existence. Au reste, elle avait quelque peu résisté. Mais, alors que je me torturais l'esprit pour savoir si je devais rompre ou non, ils avaient fini par s'apprivoiser. Bientôt, ils furent l'un avec l'autre comme des amis de toujours.

Michel s'occupait souvent du magasin le mercredi, ce qui me permettait de me consacrer à mon enfant. J'utilisais aussi ses bras pour les livraisons et le déplacement des meubles.

Il avait un sens du commerce très personnel. Il éprouvait quelque scrupule à vendre des objets, surtout aux femmes. Si elles savaient le séduire, il baissait les prix et compensait mon manque à gagner en glissant ses propres billets dans la caisse. J'aimais assez cet aspect de lui-même (d'une manière générale, j'appréciais toujours lorsqu'il montrait les bons côtés de sa personnalité : il me semblait alors marquer des points sur ceux qui l'avaient condamné).

Dans le quartier, nous passions pour des commerçants sympathiques et dynamiques. Ailleurs, les vendeurs avec qui nous déjeunions de temps à autre appréciaient beaucoup Michel. Ses questions, l'intérêt qu'il portait à la brocante, lui donnaient l'allure de ce qu'il était en vérité : un novice intéressé. Et c'était très exactement à quoi il me faisait songer quand nous revenions de nos expéditions marchandes, riant et chantant dans mon Estafette surchargée où s'entassaient des meubles brinquebalants.

Michel, qui avait conservé son studio à Paris, ne me parlait pas de ses activités. Théoriquement, cette discrétion assurait son indépendance. Mais lorsqu'il apparut que nous ne pouvions plus nous passer l'un de l'autre, la partie obscure de sa vie commença à susciter des controverses. Ce d'autant plus que nos personnalités étaient aussi différentes que les expériences qui les avaient façonnées.

Michel vivait dans une situation peu commune. Les épreuves traversées avaient forgé son caractère en dehors des valeurs sociales courantes auxquelles, malgré tout, je restais attachée. En outre, il était pragmatique tandis que je restais idéaliste ; fougueux, téméraire, épris de la vie jusqu'à sa moindre manifestation alors que je paraissais timorée. Enfin, la précarité dans laquelle il se trouvait n'arrangeait pas les choses. Il vivait dangereusement. D'où des tensions, quelques déchirements qui provoquaient en moi de brusques bouffées de cafard, du « malvivre » comme je disais dans mon adolescence. En ces instants, j'accusais mon indécrottable naïveté de m'avoir fait croire, une fois encore, que je pourrais être heureuse un jour. Alors tout devenait moche – moi la première.

Je sentais Michel partagé entre sa vie parallèle et nous. C'était comme s'il avait un pied en dedans et un pied au-dehors. Celui-là, j'aurais tout donné pour le ramener auprès de l'autre, celui que j'avais ancré sur le sol de ma vie. Parfois, je me disais que la tendresse et la conviction suffiraient à y parvenir. Mais quand le malvivre survenait, et avec lui le doute, une pensée noire traversait ma tête tourmentée : peut-être mes efforts étaient-ils vains ; peut-être que sa véritable place était ailleurs, loin de nous...

À peine formulée, l'idée m'était insupportable. Je m'en débarrassais en reprochant à Michel sa nervosité, son air préoccupé, les relations qu'il avait ailleurs : amis et émules que, sans même connaître, je passais mon temps à maudire. Je perdais mon calme et, tournant sans fin dans notre cul-de-sac, je parlais d'incompatibilité, de néant... Nous nous déchirions moralement, jusqu'à épuisement. Puis, lorsque les fougues de la passion s'apaisaient, nous restions face à face, le chahut de notre amour entre nous, incapables de briser ce bijou que nous partagions. Dix fois, vingt fois nous nous sommes quittés. Dix fois, vingt fois j'ai épuisé mes larmes avant de décrocher le téléphone. Dix fois, vingt fois Michel s'est précipité au-devant d'une inconnue qu'il avait prise pour moi. Nous nous cherchions éperdument avant de nous retrouver, serrés l'un contre l'autre sur un trottoir parcouru par des passants courant pour quelque part. Nous, nous n'avions pas d'autre but que celui de nous rejoindre, et nous savions qu'avant d'y parvenir il nous faudrait arpenter des distances infinies.

Au lendemain de ces crises, nous disparaissions à la campagne, loin des autres, le plus près possible de nous-mêmes. Ma fille avec nous, nous partions savourer le temps suspendu, entre mer et montagne, le nez au ras des vagues ou les yeux sur les fleurs des champs. Ces retrouvailles étaient une vraie fête. Nous nous soûlions d'air et d'espace, marchant inlassablement, aveuglés par la beauté des paysages, le ciel, un vol d'oiseau, la forme dentelée des arbres à l'horizon qui se profilaient. Je retrouvais les odeurs de mon enfance, celle du blé éparpillé grillé par le soleil, celle des bleuets que j'amassais dans ma jupe...

Michel, plus encore que nous, entrait en communion avec la nature. Il se roulait dans l'herbe, il aimait sentir la terre sous ses pieds et faire corps avec elle. Il faisait parler les vieux que nous rencontrions, et les écoutait avec respect. Souvent, je percevais les regards d'envie qu'il jetait sur les jeunes paysans travaillant aux champs.

Le soir, tandis que je préparais le repas, il partait battre la campagne, courait à travers bois et sentiers, puis, quand il rentrait, nous racontait le frôlement des feuilles et des branches élastiques, les subtilités des parfums, les différences des reliefs et des sols...

Il paraissait toujours surpris que nous n'attachions pas la même importance que lui à ces merveilles de la vie, et il nous entraînait à la découverte de la nature. Dans l'étendue du ciel, pas un oiseau ne lui échappait. Depuis l'enfance, il connaissait leurs habitudes et leurs lois. Myriam suivait avec passion ses cours d'ornithologie. Moi, j'avais l'impression de me promener entre deux explorateurs qui devenaient des enfants lorsque, de retour à la maison, ils rôdaient autour des plats que je préparais – et je ne savais jamais distinguer l'aîné des deux, tant leurs comportements étaient semblables.

Après le dîner, nous nous racontions des histoires autour de l'âtre. Le bois crépitait avant de s'enflammer devant le soufflet de la gamine. Celle-ci finissait par s'endormir près de la cheminée, sur les coussins et ses livres de contes. J'éprouvais alors le sentiment d'avoir inventé une famille, et je regardais cet homme, cette espèce de génie doué d'une faculté pour la vie comme je n'en ai jamais vu, capable aussi de vous aimer jusqu'à vous faire aimer vous-même, de vous faire naître une seconde fois. Michel, pour les autres, était un hors-la-loi. Pour moi, il était tout simplement un être extraordinaire.

BLANCHE, DOLLY ET APACHE

Je fus très heureuse de découvrir que j'étais enceinte. Lorsque je lui annonçai la nouvelle, Michel parut tout à la fois surpris et désorienté. Incrédule, peut-être. L'échographie emporta tous ses doutes. Quand nous vîmes s'agiter cet embryon de deux centimètres, la joie recouvrit les brumes de l'indécision. Ce bébé, après tout, c'était peut-être la chance que nous attendions. Il nous contraindrait à changer de vie. Et, pourquoi pas, à partir.

Je décidai de vendre la boutique et d'abandonner la région parisienne. Michel était d'accord : nous nous installerions à la campagne. Nous trouverions sur place une activité qui nous conviendrait, élevage, agriculture, horticulture, artisanat – n'importe quoi pourvu que la nature fût présente.

Enfin nous avions un projet. Un projet commun, que nous mènerions à son terme et qui détournerait Michel des zones d'ombre de sa vie.

Nous cherchâmes tout d'abord du côté de la Normandie, où deux maisons nous tentèrent. Je voulais à toute force la première, Michel préférait la seconde. Nous choisîmes un moyen terme, les

Cévennes, que nous sillonnâmes en tous sens. Nous visitâmes des bourgs abandonnés, nous fûmes reçus par des agents immobiliers dont la roublardise perçait sous les façades de la distinction. Nous allâmes voir ailleurs.

Chaque fois, nous étions sûrs qu'après ce chemin, derrière cette butte, juste après la grille, nous découvririons la maison de nos rêves. Un « chez-nous » taillé à nos mesures. La plupart du temps, nous revenions bredouilles. Nous surmontions la déception en parlant de l'enfant.

– Ce sera un garçon, disait Michel. Je lui apprendrai les vraies valeurs : la liberté, la dignité...

– Et si c'est une fille ?

– Ce sera un garçon.

– Pas sûr, répondais-je en posant ma main sur mon ventre alourdi. Il paraît que quand on s'arrondit de partout...

– Tu ne vas pas croire à ces vieux trucs ? Un garçon, répétait-il. On l'appellera Loïc.

– Loïc, Loïc... Je n'aime pas. C'est trop court, trop sec, avec un hiatus en plein milieu !

– Mais non ! Loïc, c'est un vrai prénom d'homme ! Cela évoque la force, la beauté virile, la noblesse des anciennes civilisations celtes...

– Loïc, ce n'est pas un nom, c'est un hoquet !

En réalité, peu m'importait que ce fût Pierre, Paul ou Loïc. Je le contredisais pour le taquiner, par manie. C'était devenu une habitude depuis qu'on ne se disputait plus si fort. Surtout quand il montrait tant d'assurance. Et aussi à cause de cette façon qu'il avait de prendre la vie à la légère alors que l'instant me paraissait grave et essentiel.

Après tout, nous étions à la croisée de chemins nouveaux, au moment de la reconversion. Plus mon ventre gonflait, plus il nous promettait des lendemains heureux. J'étais animée des espoirs les plus fous, qui viraient au malvivre à la moindre occasion, pour renouer avec le beau fixe quelques instants seulement après la dépression. Intempéries de la grossesse...

Un jour que nous avions posé nos valises dans un hôtel de Montélimar, Michel survint dans la chambre au milieu de la matinée, un sourire triomphant aux lèvres.

– Je crois que j'ai trouvé !

Se promenant dans la ville, il était tombé en arrêt devant la photo d'une maison affichée à la vitrine d'une agence immobilière.

– J'ai demandé les clés et l'itinéraire, j'y suis allé ; viens, on y retourne.

Il était emballé.

Nous quittâmes la ville et suivîmes une petite route en lacet qui serpentait entre les roches et les bois touffus. Alentour, les collines ondulaient sous un ciel infini. Michel tourna à droite, empruntant un chemin qui semblait n'ouvrir sur nulle part. Soudain, comme par enchantement, la voiture déboucha sur une vaste clairière dans laquelle se nichaient un mas et ses dépendances. Vue de ce côté de la forêt, la maison ne laissait entrevoir que ses toits. Ils paraissaient couchés à même la prairie, au milieu des herbes et des fleurs. Plus loin, de hauts cyprès semblaient vouloir rejoindre les falaises qui se découpaient à l'horizon, beiges et grises, coupées ici et là par le vert émeraude des vastes forêts de châtaigniers. On eût dit que les Préalpes neigeuses se fondaient dans les nuages, apparaissant et disparaissant mystérieusement selon le degré du jour et la densité de l'air.

Michel dit qu'ici il pourrait vivre au rythme des saisons, le cœur au ventre, entouré des siens et de ce petit bonhomme qui allait naître.

Il me prit sous son bras et m'entraîna de l'autre côté. Il montra une colline, noyée dans le brouillard.

– En passant, j'ai vu un cimetière. Si ma carcasse y repose un jour et si avant ce jour j'ai vécu avec toi dans cette nature, alors je serai content.

– À condition que ce soit dans longtemps, dis-je.

– Évidemment !

Je vendis tout ce que je possédais et nous emménageâmes dans notre maison de la Drôme au cours de l'été 81. Aussitôt, ce fut comme si nous arrivions sur une autre planète. Michel se mit en bras de chemise et, Myriam sur ses talons, s'attaqua aux ronces qui entouraient la maison. Il échafauda mille plans de rénovation qu'il m'énumérait les uns après les autres, le soir, lorsque nous dînions sous le tilleul du jardin.

Cet arbre ressemblait à un champignon géant. Il était court de tronc, trapu, ouvert sur un immense feuillage, harmonieux et lourd. Il frétillait au moindre souffle. Ses fleurs exhalaient un parfum magique qui me ramenait vingt ans en arrière, lorsque j'allais chaparder des fleurs semblables sur les arbres alignés de l'avenue Alexandre-de-Serbie. Alors, je m'enivrais sous les cimes, croquant la fleur entière avec sa jeune feuille blanche – plaisir d'enfant que j'avais oublié et qui me revenait tandis que j'écoutais Michel bâtir ses plans sur notre nouvelle comète.

Se sentant déjà dans ses murs, il acheta quelques chevaux à des forains de passage. Myriam hérita de la Blanche, une jument qu'elle montait fièrement, aussi raide que si elle se fût trouvée sur un cheval de bois. Il y avait aussi Dolly, une bête grise et pleine qui se déplaçait en dandinant son ventre renflé, et Apache, un étalon qui hennissait plaintivement à l'approche des femelles. Lorsque Michel tentait de l'apprivoiser, l'animal se dressait dans toute sa splendeur, partait dans une cavalcade du diable puis, jouant des reins et de l'encolure, expédiait son cavalier dans les ronces.

Ma fille ne ratait jamais ce spectacle. Chaque fois que Michel s'approchait de l'étalon, elle m'appelait :

– Maman, viens vite ! Papa va monter le cheval !

Le temps que j'arrive, poussant péniblement mon ventre, Michel était déjà à terre. Nous le sortions de son buisson d'épines, riant comme des petites filles, bientôt imitées par notre cavalier intrépide qu'Apache considérait de plus loin sans cesser de mâchonner l'herbe de son pré. Ce rire-là m'est resté et me restera toujours en mémoire. C'était un rire de joie, de bonheur, une explosion de vie. Il a duré trois semaines. Trois petites semaines qui, à mes yeux, valent tous les empires du monde : jamais je n'avais été aussi heureuse. Hélas, hélas, noyée dans mon petit paradis, j'avais oublié que les fous rires, parfois, se ferment sur des grimaces.

SUR LES MARCHES DU PALAIS

– Il me faut une semaine. Le temps de régler mes affaires et je redescends.

– Nous venons avec toi.

– D'accord.

Nous avons donné à manger aux chevaux, puis nous avons embarqué le chat, la chienne et leurs onze enfants (trois chatons et huit chiots) dans l'Estafette. Après quoi, semblables à des romanichels voyageant avec leur ménagerie, nous sommes revenus sur Paris.

Nous avons débarqué dans le petit pavillon de Nono. Michel est parti s'occuper de ses affaires. Ma mère est revenue d'Italie. Elle fut surprise de nous trouver chez elle. Je l'assurai que nous ne resterions pas longtemps : nous devions revenir dans la Drôme le 3 septembre. Mais entre le 1er et le 3, il y avait le 2 septembre 1981.

J'attends Michel. Il est parti après le déjeuner, me promettant d'être revenu pour cinq heures. Ma mère est allée à la poste. Assise devant la télévision, Myriam regarde un dessin animé. Sous mon ample robe de coton, le bébé explore si bien sa niche que je me dis qu'à force d'essayer, il finira par sortir par le nombril. Je sais déjà que Loïc sera un drôle d'énergumène, fils de cet homme toujours en mouvement, qui tourne en rond dans les appartements et abat ses dix kilomètres quotidiens lorsqu'il est en forêt.

La chatte s'approche de mon fauteuil en miaulant. Je me lève, elle me suit dans la cuisine. Tout en ouvrant le réfrigérateur pour lui donner à manger, je songe aux réserves d'eau que nous avons laissées pour les chevaux. Puis je pense à la grande école, où Myriam va faire ses classes dans quelques semaines.

La chatte miaule toujours. Elle cesse en plantant ses dents dans le morceau de viande rouge que je laisse tomber dans sa gamelle. La sonnette de la grille retentit.

– Déjà ! me dis-je en regardant l'heure à la pendule de la cuisine.

Il est quinze heures.

Ce n'est pas Michel. Ce sont huit, dix, douze, quinze hommes qui envahissent la cour, pénètrent simultanément par la porte et par les fenêtres. Je demeure hébétée quelques instants, paralysée face à cette agression. Affolée, la chatte s'enfuit. Ma fille se jette entre mes jambes. Au même instant, une bousculade se produit dans la cour. Ma mère apparaît, poussée par une demi-douzaine d'individus qui la jettent dans l'entrée. Je crie. On hurle :

– Police !

Les ombres se faufilent dans toutes les pièces. Myriam a ce mot mémorable :

– Je croyais que c'étaient des gangsters !

On fouille, on démolit, on saccage. Le tohu-bohu est indescriptible. Les insultes pleuvent, les gestes se font désordonnés. Ma chienne surgit, fonce dans les mollets et mord. Les flics s'activent. C'est une perquisition. Ma mère et moi les regardons, effrayées par leur violence.

Un policier tire à lui un des fauteuils du salon. Il découvre une sacoche en toile que Michel a apportée une demi-heure auparavant (les filatures le prouveront) et à laquelle personne ne s'est intéressé. Il l'ouvre. Il la referme. Il me regarde.

– Détention d'armes.

Un de ses collègues survient, brandissant un papier. Je reconnais mon dernier relevé de compte bancaire, sur lequel figurent les sommes déposées pour l'achat de notre maison dans la Drôme. Le flic qui s'est adressé à moi me jette un sourire froid.

– Tu recèles ou tu blanchis ?

Et comme je ne réponds pas, pétrifiée, il ajoute :

– On vous embarque. Complicité...

Lorsque nous quittons la maison, ce n'est que ravage, pleurs et destruction. Une demi-douzaine de policiers nous escortent jusqu'à leurs voitures. Ma vie vient de s'effondrer.

Au commissariat, ma mère est emmenée dans un bureau. Je pénètre dans une autre pièce, Myriam serrée contre moi. Depuis le début, elle a été admirable. Instinctivement, elle a puisé en elle ce sens de la famille propre aux Italiens : un attachement sans limites aux siens. On ne bronche pas, on reste ensemble encore et toujours.

Un policier offre des bonbons à ma fille. Elle les refuse, et les sourires avec. On nous fait sortir du bureau.

– Il faut préparer la petite, me dit un inspecteur.

– La préparer à quoi ?

– À partir.

– Nous partirons ensemble.

– Ça m'étonnerait. Elle ira dans un foyer de la DDASS.

Soudain, la gorge me brûle. Un voile de chaleur me monte à la tête.

Je dévisage le flic. Au-dedans de moi, la panique a fait son travail : je ne suis qu'une boule de nerfs ravagée par la douleur. Mais au-dehors, on ne voit pas. On ne voit rien. Je sais que toute protestation est vaine et je ne veux pas que ma fille m'entende crier – surtout pas elle.

Myriam pose sur moi un regard muet. Je lui souris.

– Oui, ma chérie, tu vas aller avec le monsieur... Mais pas longtemps. Ne t'en fais pas...

Après qu'on l'a emmenée, tout me devient égal. Je ne cesse de songer à son petit corps marchant au côté de cet homme étranger qui nous a arrachées l'une à l'autre. Et je refuse de parler. Je ne pense pas à Michel. J'ai peur pour ma mère. J'ai peur pour l'enfant que je porte.

On me pose des questions. Je ne réponds pas. On me parle de Michel. On me dit qu'il se trouve quelque part dans les étages. Il a été arrêté. Il était en cavale. Étais-je au courant ?

Je ne réponds pas.

Il vient de commettre un hold-up. Attaque à main armée. Étais-je au courant ?

Je ne réponds pas.

À quel moment ai-je été complice, pourquoi ai-je accepté de cacher des armes dans la maison de ma mère, d'où vient l'argent déposé sur mon compte ?

Je ne réponds pas.

Fin et perspicace, un flic lance :

– On va lui flanquer des coups de pied dans le ventre. Elle finira par cracher le morceau... et son lardon avec.

Les policiers se prennent pour des guerriers : ils ont rapporté une belle prise au village. L'un d'eux, un grand rouquin nouveau dans le service, s'écrie à travers les bureaux : « Elle est contente, y a son homme qui part pour perpète ! »

Après une courte pause, il me ramène au grand chef. Dans le bureau où on m'interroge, les photos d'un jeune enfant recouvrent tout un mur. Comme je les regarde, le papa flic me dit :

– Que vous ayez choisi une vie de truand, je comprends. Mais qu'en plus vous fassiez des gosses !...

Écœurée, je réplique aussitôt :

– Il faut bien des gosses de truands pour que les gosses de flics courent après !

Il acquiesce. C'est un bon père.

Je suis interrogée dix fois, vingt fois... Entre les séances, qui interviennent à n'importe quel moment du jour ou de la nuit, on m'enferme dans une des cellules du commissariat. Celles-ci sont constituées d'un grand cube de béton dépourvu de fenêtres. Trente personnes pourraient s'asseoir sur les bancs de bois scellés qui courent le long des trois murs pleins. Il n'y a ni toilettes, ni eau, ni couvertures. Il fait un froid de cave. Le moindre bruit résonne comme dans un bidon. Abasourdie, transie, je tente de trouver le sommeil, allongée sur la planche dont la raideur me martyrise le dos. Chaque fois que je m'éveille, je suis encore plus endolorie et brisée de fatigue que je ne l'étais avant de m'endormir.

Le premier matin, j'entends des voix d'hommes en colère, les éclats d'une dispute, et ces mots, qui me glacent :

– Où il est, celui qui l'a buté ? Je vais lui défoncer la tête !...

Je mesure alors le cul-de-basse-fosse où nous sommes tombés. Michel ne s'est pas contenté de commettre un hold-up : il y a eu fusillade.

Le drame s'est noué au mois d'août, quelques jours seulement avant notre départ pour la Drôme. Deux malfaiteurs ont attaqué un supermarché. Un fourgon de police, envoyé sur les lieux, a croisé la moto signalée par les employés du magasin. Barrage, course, échange de coups de feu : un policier a été blessé.

Quelque temps auparavant, en un lieu différent, un homme qui passait ses week-ends à réparer sa voiture dans un box de parking avait remarqué les étranges allées et venues d'un autre locataire. Celui-ci arrivait au guidon d'une moto qui était rarement la même. Parfois, une auto suivait. Le motard déposait sa machine puis montait dans la voiture, où d'autres individus attendaient.

Le bricoleur du dimanche était un policier. Lorsqu'il apprit qu'un hold-up avait été commis dans la région par deux hommes à moto, il s'en fut raconter à ses collègues d'Évry le manège auquel il avait assisté. Les enquêteurs organisèrent une planque dans les garages. Ils attendirent trois semaines. Quand Michel se présenta, ils le suivirent et, de filature en filature, parvinrent jusqu'à nous. C'est ainsi que nous tombâmes, entraînées, ma mère, ma fille et moi, dans le vertige de sa chute.

Au terme du délai légal de la garde à vue, je suis conduite devant le juge, au palais de justice d'Évry. Le flic roux et un ancien m'accompagnent. Le premier, drôle et mélomane, chante « Aux marches du palais ». L'autre, subtil et psychologue, me dit :

– Nous, à la police, on n'aime pas voir les femmes tomber. Pour vous, ça va peut-être s'arranger.

Hélas, il est seul à partager son point de vue. Le juge qui me reçoit, une femme d'une trentaine d'années qui conserve le visage baissé sur ses papiers durant notre long entretien (deux minutes), ordonne l'incarcération immédiate.

On me met les menottes et je suis emmenée dans les sous-sols du palais. Je marche la tête basse, péniblement, en raison de mon gros ventre et de la fatigue accumulée. Il me semble avoir reçu un poids de cent kilos sur la nuque.

On me fait longer des couloirs. Nous arrivons à l'entrée d'un sas. Une Estafette attend.

On me conduit d'abord à Fleury-Mérogis. Deux gardiens me précèdent. Je dois suivre. On m'emmène au greffe.

Nous traversons un couloir bordé de cellules. J'avance sans voir. Soudain, j'entends un cri atroce. C'est Michel. Il m'appelle. Je me retourne et le vois. Il est accroché aux barreaux de sa cage, semblable à un animal, à une bête prisonnière. Et il hurle.

– Ne te laisse pas mettre en prison !

De l'entendre me déchire. Et tout au long de ce couloir qui n'en finit pas, son cri m'accompagne :

– Nadine, ne va pas en prison ! Pas toi, non pas toi !

Mais il est trop tard. Devant moi s'étend un univers noir dont je ne connais rien. Derrière, il y a ma fille, emportée je ne sais où, que je reverrai je ne sais quand, et cet homme qui pousse sa plainte de grand fauve blessé.

On me prend en photo, puis ce sont mes doigts qu'on macule d'encre et qu'on imprime sur une planche de papier. À la prison des femmes, je rejoins une dizaine d'arrivantes derrière les grilles du vestiaire. Une religieuse sèche et blanche comme une branche de bouleau trottine d'une cage à l'autre, nous observant avant la fouille. Par extraordinaire, on me fait faire demi-tour, repasser au greffe, reprendre mes empreintes, et je signe ma levée d'écrou.

C'est que, n'ayant pas remarqué l'état de mon ventre, Madame la juge s'est trompée de prison.

J'arrive à Fresnes à minuit passé. Je marche comme un automate. Des douleurs aiguës me parcourent les jambes et le dos. Ma tête est emplie d'un bourdonnement inextinguible. Une femme assez gentille m'accueille ; elle m'escorte jusqu'à une cellule très claire pourvue d'un lavabo, d'eau chaude, de savon et d'un lit blanc sur lequel je me jette, prête à me laisser engloutir pour la nuit.

PRISON

Ce n'était pas un garçon mais une fille, elle ne s'appellerait pas Loïc mais Cathy ; elle vint au monde dans la nuit du 17 au 18 septembre. Psychologiquement, je ne puis exprimer comment j'ai vécu sa naissance. Aujourd'hui encore, cela ne peut sortir de moi. Surgissant du traumatisme et des sentiments refoulés, des images apparaissent, imprécises, qui me laissent croire que je me suis contentée de subir la vie qui continuait de battre en moi. Je me souviens de mon besoin de marcher, marcher encore, pour soulager un mal lancinant qui me vrillait les reins. De mon impossibilité à tenir en place et du silence que je m'imposais sur mon état. Des promenades des prisonnières de Fresnes... Puis la nature me faucha, elle qui se moque bien des conditions dans lesquelles elle se manifeste, et le film se déroule au-dessus de moi, images au plafond. Un brancard, un fourgon, un trajet très bref dans la nuit. On s'arrête. On me soulève. Une silhouette en uniforme brandit un tampon à encre dans ma direction. On repart. Fenêtres. Rues. Paris. Vertige. Sirène, moteur, cahots. Le visage de mon accompagnatrice, apparaissant, disparaissant, rendu blanc craie par la lueur des lampadaires. Arrêt. Demi-tour. Souterrains longs, très longs, des vieilles pierres, le bruit métronomique des talons aiguilles se mêlant au pas de ceux qui me soutiennent. Je me plains. Apparaissent un couloir de clinique, une lumière éblouissante, la salle de travail. Peine et angoisse. Jeune interne incompréhensiblement hargneux. Ses insultes, son acharnement à m'humilier, mon impuissance.

Mon bébé.

Brancard. Encore des souterrains. Quartier carcéral de l'Hôtel-Dieu, Cusco.

Dans cet endroit aménagé sous les combles de l'hôpital, on a parqué les malades et les blessés grièvement atteints, encore en garde à vue. La surveillance est assurée par des policiers en tenue qui, jour et nuit, entretiennent un vacarme assourdissant. Les relèves donnent lieu à des rires et à des éclats de voix difficilement supportables. Les « chambres » sont pourvues de parois en plexiglas qui permettent aux vigiles de garder un œil sur les blessés et les jeunes accouchées. Pour ne pas qu'ils s'enfuient ?

Deux fois par jour, la puéricultrice m'apporte mon enfant. Je l'allaite. Cathy, déjà, représente tout pour moi. Pour nous. Elle est le point de convergence entre Michel et moi. Elle est nous. Elle vit dans ma chair, mais je l'imagine sans cesse, rose et tendre, entre les bras de son père.

Avec l'anéantissement de notre foyer, le monde s'est écroulé. Parfois, je ne trouve de sens à rien et la maternité m'est devenue une terrible blessure. Ce n'est pas drôle d'accoucher en prison...

Nous étions six sur le point d'accoucher. Nous fûmes six mères à revenir au PRL – ainsi appelle-t-on la section des femmes de l'hôpital de Fresnes.

Le PRL occupe tout un étage au niveau supérieur du bâtiment. Il se divise en deux parties situées de part et d'autre de l'infirmerie, du bureau et de l'économat. Dans l'aile droite sont enfermées les détenues malades ; l'aile gauche regroupe les mamans présentes ou futures. Par mesure d'hygiène, la communication entre les deux catégories d'hospitalisées est interdite. La surveillance était assurée par des religieuses, infirmières diplômées.

Lorsque je revins de l'Hôtel-Dieu, les sœurs avaient apporté dans ma cellule un berceau orné de voiles en cotonnade mauve qu'elles avaient confectionné elles-mêmes. J'eus également droit à un paquet-cadeau contenant une brassière, une paire de chaussons roses et des friandises.

Les religieuses accueillaient toujours les naissances avec bonheur, et elles nous communiquaient leur joie rayonnante. Grâce à leur présence, pendant quelque temps, nous oubliions notre situation. L'illusion aidant, on pouvait penser qu'elles étaient des amies ou des parentes éloignées qui nous offraient conseils et babillages.

La division s'agrandit donc de quatre filles et de deux garçons. Pendant la matinée, nous allions à tour de rôle dans la salle des soins afin de faire la toilette des bébés. Une sœur nous assistait. Elle se chargeait de vérifier la température du bain (à l'ancienne : en trempant un coude dans l'eau), préparait la balance et notait scrupuleusement les variations de poids sur des courbes affichées au mur. Ainsi comparions-nous l'évolution de nos bambins, nous livrant à une compétition amicale qui égayait notre triste sort. Nous n'étions plus les femmes malheureuses, égarées dans cette prison, mais des mères accaparées par leur nouveau-né.

Quelques semaines auparavant, nous nous côtoyions sans nous regarder tant la peine d'autrui était comme un écho à notre propre douleur. Nous correspondions chacune à un personnage unique victime d'un mauvais rêve, et le caractère commun de notre état nous renvoyait à des solitudes plus profondes encore ; en aucun cas il ne nous rapprochait. Mais voilà que ces petits êtres que nous devions protéger nous apportaient courage et spontanéité en même temps qu'ils exacerbaient notre instinct maternel. En outre, ils constituaient l'élément extérieur, exempt de tout reproche, qui nous rassemblait.

Je découvris alors les femmes qui m'entouraient. L'une d'elles devint ma première amie. Sélina était une Bohémienne née en Yougoslavie, de loin la plus démunie d'entre nous. Avant son accouchement, j'avais remarqué sa silhouette effilée, son ventre curieusement pointu, pas plus gros qu'un ballon de rugby. Elle portait une misérable robe grise en maille synthétique et des savates aux talons écrasés, qu'elle traînait inlassablement dans la cour de promenade. Elle allait seule, s'arrêtait de temps à autre et frappait son ventre tout en grommelant des paroles incompréhensibles. J'appris plus tard qu'elle houspillait l'enfant car il était la cause de sa présence à Fresnes : elle s'était fait arrêter après avoir subtilisé un portefeuille dont les richesses, espérait-elle, lui auraient permis de nourrir son nouveau-né. Elle avait commis son larcin en compagnie de sa cousine, mère d'un enfant de neuf mois qui avait été directement envoyée à la nursery de Fleury-Mérogis. Sélina avait vécu cette séparation comme un véritable arrachement. Nuit et jour, elle appelait sa cousine – en vain, naturellement.

Elle avait une longue chevelure noire qui n'avait d'égale que la profondeur de son regard. Ses yeux, dessinés en amande, étaient admirables. Ils n'exprimaient que la tristesse et le désespoir. Si d'aventure Sélina se prenait à sourire, les larmes affleuraient à ses paupières, et son désespoir paraissait pire encore. Elle sombrait dans la mélancolie. Certains soirs, elle psalmodiait des chants qui tournaient au délire. Elle avait été renvoyée de cellule en cellule : personne ne voulait d'elle, chacune la tenant pour une souillon. Elle s'était finalement installée avec moi. Il est vrai que Sélina n'était pas très copine avec le savon mais, en revanche, elle était d'une absolue gentillesse. Lorsque les larmes succédaient à ses chants, je lui parlais sans relâche, cherchant les paroles qui l'apaiseraient. Elle se calmait peu à peu puis s'arrêtait brusquement, se recroquevillait sur le côté, frappait une nouvelle fois son ventre et fermait les yeux, gagnée par le sommeil.

Sélina mit au monde une ravissante petite fille dont les yeux étaient aussi beaux que ceux de sa mère, à ceci près qu'ils pétillaient d'un immense bonheur de vivre.

Il y avait aussi Paulette et son joli minois, son nez de poupée, sa bouche mutine, ses yeux aussi vifs que deux billes bleues. Elle affichait en permanence une moue boudeuse qui abritait un bagou inimitable. Paulette était de race manouche et fière de l'être. Elle ne jurait que par les siens, dont elle se distinguait cependant par le statut social : elle se félicitait d'habiter une vraie maison et ne pouvait dissimuler son mépris pour les roulottes.

Elle pestait contre la taule, contre son homme qui l'y avait entraînée, mais ses reproches à la gueule d'empeigne finissaient toujours par d'immenses parties de rigolade. Elle baptisa son bébé Marietta et, aussitôt, le surnomma « Bouboule ». Bouboule était comme sa mère : il braillait tout le temps.

Nicole était une jeune femme brune aux yeux verts. Toujours en effervescence, toujours prête à sourire, elle sautillait plus qu'elle ne marchait. Il lui prenait de brusques élans de générosité, des fous rires inexpliqués. Un peu fofolle, Nicole, sans doute à cause de son fardeau, très lourd à porter en prison : elle avait été emprisonnée pour sévices à enfant. Par compensation, elle s'évertuait à démontrer sa passion pour son bébé, et s'appliquait dans les soins à lui apporter.

Parfois, son visage s'assombrissait ; elle me parlait de la fillette qu'elle avait maltraitée. Je ne lui posais aucune question et elle ne donnait jamais la même version des faits. La vérité, qui lui pesait trop, apparaissait peu à peu, et elle ne savait comment se libérer du trop-plein qui lui empoisonnait l'existence. Finalement, elle s'en sortait par des pirouettes, et achevait toutes les discussions en montrant la photo de son mari qu'elle avait collée sur un mouchoir parfumé.

Jeanine aussi était une fille de pas de chance. Abandonnée à la DDASS, adoptée (par un Vietnamien) puis rendue à la liberté, elle était totalement à la dévotion de son compagnon, incarcéré également, et père de son enfant. Jeanine ne faisait confiance à personne, ni sur les soins à donner au bébé ni sur le reste. Elle rembarrait les approches d'amitié et s'enfermait dans sa passion exclusive pour son homme. Elle mit au monde une petite fille, très mignonne, qu'elle adora aussitôt.

Enfin, il y avait Marie-Claire. C'était une grande fille revêche dont on ne savait quoi penser. Elle ne parlait jamais, fût-ce pour dire bonjour. Son petit garçon, devant qui elle béait d'admiration à longueur de journée, était d'un calme olympien.

Le point commun entre toutes ces femmes, c'étaient donc les enfants. Grâce à eux, un courant passait dans nos cœurs, un air flottait entre nous. Nous profitions des moments de portes ouvertes, c'est-à-dire une heure le matin et autant l'après-midi (le reste du temps, nous vivions enfermées chacune dans nos cellules), pour demander des nouvelles de la nuit ; on s'inquiétait des tétées, du sommeil des enfants... Bref, on essayait de vivre le moins mal possible.

Le matin était occupé par la toilette des petits. Nous nous saluions brièvement dans le couloir, tapotions d'un petit coup sec sur les portes des cellules, agitions la main tout en souriant. « Salut ! »

L'après-midi se prêtait davantage aux bavardages. À peine les portes s'ouvraient-elles que Paulette, à bout de nerfs, collait Bouboule dans les bras de la bonne sœur en lui disant :

« Je ne sais pas ce qu'elle veut, elle pleure tout le temps ! »

Et c'était parti ! Elle nous commentait la dernière lettre du mari à qui, décidément, elle en voulait de plus en plus. Elle parlait à grands gestes et riait avec nous, découvrant des dents malheureusement rongées devant, qui gâtaient sa jolie figure. Nous nous installions autour d'elle avec nos bébés. Jeanine et Marie-Claire se distrayaient. Sélina restait debout ; elle souriait tristement, sa petite accrochée au sein. Nicole, quels que fussent ses propos, soulevait les critiques mais ne s'en formalisait pas ; elle riait imperturbablement. Ces rencontres quotidiennes constituaient une heure de spectacle que pour rien au monde nous n'aurions manquée.

À la nursery, l'ambiance était davantage celle d'un hôpital que celle d'une prison. Naturellement, les portes se verrouillaient à double tour derrière nous, mais, pour autant, nous ne détestions pas celles qui tenaient les clés. Pendant le jour, il régnait dans cet endroit un grand calme qui nous incitait au repos. Et le soir, comme tous les soirs et comme dans toutes les prisons, la cellule éclairée, telle une étoile morte livrée au noir de la nuit, ramenait son flot de pensées, ses lendemains magnifiés ou ses cafards monstres.

Je m'asseyais près du berceau de Cathy pour la regarder dormir. Elle avait la peau si fine qu'on lui voyait les vaisseaux à travers : bleus sur les paupières, roses sur les joues. Je suivais la ligne de ses sourcils, la courbe de ses yeux clos, le dessin de son petit nez tout rond, et toujours je m'émerveillais qu'il y eût tant de beauté chez les petits enfants. Puis j'allais me jucher sur la table, les jambes repliées sous moi. Les lumières des fenêtres d'en face laissaient voir des familles attablées et les lueurs tamisées des écrans de télé. Chaque fois, mon regard allait se perdre plus loin, sur la longue ligne de points lumineux, une route ou autoroute sur laquelle glissaient des voitures. Je ressentais fortement cette liberté de la nuit, son étreinte dans ma poitrine, les dimensions et l'espace infinis de là-bas ; une autre terre, un autre monde.

La fenêtre ne comportait pas de barreaux mais un quadrillage de gros losanges en béton remplis par du fin grillage. Quand mon regard refluait vers l'intérieur, l'ombre gigantesque des losanges couvrait les murs de la cellule. Je les fuyais en m'étendant sur mon lit, mais alors, impitoyablement, les images cruelles m'emplissaient la tête : ma fille, ma mère, Michel... À cela se joignaient les marques de ma condition nouvelle – les cages, les menottes, les clés, la cour... Je pensais que la folie m'emporterait. Confrontée à une réalité absurde, je me sentais exploser, j'étouffais, j'avais envie de m'arracher les cheveux, de mourir, noyée sous mes larmes. Par chance, le dessin de mes pleurs finissait par se brouiller en dansant sur les murs, et je m'endormais, le visage ruisselant.

Au matin, pesait sur ma nuque le poids d'un sommeil de cauchemars. Mais je savais que la routine de la journée ferait avancer le temps et que je souffrirais moins. J'avais l'impression d'être en retrait sur toutes choses, de vivre une situation incohérente et absurde, d'être là, bien obligée, pour faire marcher mon corps qui, sinon, n'eût pas bougé seul. C'était comme si je faisais semblant d'exister, m'efforçant de consommer le moins mal possible un moment des plus inutiles, avec l'idée permanente de n'être qu'en transit.

Mais, victimes de soudaines lueurs de lucidité, mes résolutions succombaient à la douleur de ce fer rouge collé à ma poitrine, la marque de la torture, ma fille, la DDASS – où était-elle, que lui avait-on fait, quand la reverrais-je ?

Je chassais les pensées sinistres en croisant les doigts, puis j'écrivais à ma petite Myriam – c'étaient toujours les mêmes mots : le retour était proche, il lui fallait attendre avec confiance, j'avais tant d'amour pour elle...

Lorsque les trois premiers bébés eurent un mois, nous fûmes transférées à la prison de Fleury-Mérogis. Nos enfants dans les bras, Sélina, Paulette et moi fûmes embarquées dans une fourgonnette qui nous attendait dans la cour de l'hôpital. On nous avait glissé autour des poignets une chaîne serrée par un petit cadenas. La levée d'écrou s'effectua « aux grands quartiers », c'est-à-dire à la prison des hommes. Le déblocage des chaînes nous permit d'envisager un voyage plus confortable, mais il ne fut pas facile de regrimper les marches de l'Estafette, de trouver nos places sans nous cogner ni trébucher. Paulette rouspétait, Sélina et moi ne disions rien. Calées les unes contre les autres, protégeant nos enfants contre les cahots, nous regardions, fascinées, défiler le long tissu des autoroutes. Nous étions comme des bœufs, si tant est que les bœufs réfléchissent à leur condition quand on les transporte. On n'entendait plus rien que le bruit des chaînes.

Fleury, c'était la prison où Michel était enfermé. Cependant, il me suffit de voir les bâtiments pour comprendre que je ne le verrais jamais : cette ville ou Papeete, c'était la même chose. Non seulement les murs étaient trop hauts, mais le quartier des hommes était très éloigné de celui des femmes. La déception fut cruelle.

On nous parqua dans des cages individuelles puis nous fûmes fouillées à corps. Après nous, vint le tour des bébés. Les gardiennes les déposèrent sur une planche, les déshabillèrent, les rhabillèrent, insouciantes de leurs hurlements. Nous demeurions silencieuses face à ces demi-robots dont nous avions compris, sans qu'ils nous le disent, qu'« ils appliquaient le règlement ».

Nous déposâmes nos affaires en vrac sur un chariot, prîmes nos bébés dans les bras et, houspillées par des matonnes qui, on ne sait pourquoi, voulaient à toute force nous faire gagner quelques secondes dans ce monde où le temps s'est arrêté, nous gagnâmes le « quartier des nourrices ». Je retrouvai la sœur au teint de bouleau, entrevue un soir de fatigue. Elle trottinait toujours sur ses petites jambes, et son visage restait pincé, sans l'ombre d'un sourire. Elle nous conduisit dans nos cellules.

La première chose que je vis en entrant dans la mienne, ce fut le drap en tergal gris et la couverture pelucheuse de couleur orange qui recouvraient le lit. Je songeai alors au berceau, au voile mauve et aux petits draps qu'avaient brodés pour nous les religieuses de Fresnes. Et immédiatement, je compris qu'à Fleury les choses se passeraient d'une tout autre manière. Ici, c'était l'usine. Je commençais à penser que cela ne finirait jamais. La peur s'empara de moi : allions-nous devenir un numéro jeté dans un placard ?

Le quartier des nourrices était une division spéciale de la prison des femmes. Nous y étions isolées du reste de la population pénale. À l'intérieur de la nursery, nous bénéficiions d'une certaine liberté de mouvement. Les portes, en effet, s'ouvraient de neuf heures à onze heures trente le matin et de quatorze à dix-sept heures le soir. Ces horaires nous permettaient de circuler dans les couloirs, de visiter nos voisines ou de nous réunir dans l'une des deux salles communes. En revanche, nous n'avions pas le droit de sortir de ce périmètre, et toutes les activités – sportives, éducatrices, scolaires ou religieuses – nous étaient interdites.

Trottinette – ainsi appelait-on la sœur responsable du quartier – n'appréciait que les détenues classiques, dont le comportement et les réactions lui étaient connus. Cette femme n'était pas une enfant du bon Dieu, mais des hommes et de leurs lois. Surveillante avant que d'être religieuse. Pour elle nous étions délinquantes, donc anormales, donc mères irresponsables (sauf quand l'une d'entre nous était extraite pour aller au Palais. En ce cas, le bébé devait être confié à une camarade du quartier, l'encadrement refusant de prendre le moindre risque en s'occupant d'un enfant dont la mère était absente). Trottinette avait plein pouvoir sur les fournitures, les couches, le lait, les pommades, qu'elle distribuait avec parcimonie. Tout devenait prétexte aux escarmouches. Son attitude me choquant, nous étions rapidement devenues adversaires.

Nous passions le plus clair de notre temps dans les deux salles de la nursery. Un parc démantibulé traînait dans un coin de la première, auprès d'une caisse emplie de bidules en plastique, de boules, de quilles, de grenouilles et de canards aux couleurs artificielles. Dans la seconde pièce, il y avait un téléviseur et des chaises disposées en arc de cercle autour de l'écran.

Sélina avait retrouvé sa cousine. Leurs cellules avaient pris l'allure d'un campement nomade. Elles y vivaient au sol, sur des foulards et des chiffons, disaient la bonne aventure et faisaient du café à longueur de journée.

À l'inverse de Sélina, Belma était une fille drôle et rieuse. Son enfant paraissait presque plus gros qu'elle tant il respirait la santé. Il fouillait le corsage de sa mère, en extirpait un sein gonflé comme une outre qu'il suçait jusqu'à plus soif. Il prenait toujours le même, en sorte que Belma avait un sein minuscule et l'autre très gros. Parfois, elle les exhibait en riant et disait :

– Au prochain bébé, je donnerai l'autre !

Mes deux amies m'apprirent à connaître le monde de ces femmes ficelées dans des chiffons, enrôlées très jeunes pour voler, mariées à treize ans, soumises à leur compagnon dont elles restent toujours amoureuses. Dans leur société, les hommes sont oisifs et les femmes doivent ramener le fruit de leur travail. Elles ne s'en plaignent pas : elles sont nées pour cela.

– Arrêter de voler ? s'exclamait Belma. Et pourquoi cela ? Il faut bien gagner sa vie !

En revanche, elles se montraient d'une honnêteté scrupuleuse en prison. Leurs superstitions, dont elles nous révélaient les secrets sur un ton mi-solennel mi-gamin, leur interdisaient de dérober quoi que ce fût à leurs camarades. Et lorsqu'elles sortaient, elles devaient brûler tout ce qu'elles avaient possédé. Ces filles, les plus vivantes et les plus naturelles, étaient également celles qui souffraient le plus de la privation de liberté.

Hormis Sélina et Belma, je voyais beaucoup Marie-Claire. À Fleury, sans que je sache pourquoi, elle s'était défaite de sa carapace. Elle devint bientôt une bonne camarade et ma confidente privilégiée. Un jour, comme je lui parlais de mon amour pour Michel, elle me dit :

– Dans cinq ans, quand les choses se seront tassées, je parie que tu feras évader ton bonhomme.

Cette remarque me surprit ; je ne sus quoi répondre et sortis de sa cellule.

Paulette s'était mise – ou remise – au tricot. Elle passait ses journées à l'ouvrage, Bouboule calée contre son ventre. Elle tricotait nerveusement une layette « anticonventionnelle », faite non pas de pastels mais de couleurs vives – elle mariait le rouge et le vert, le violet et le jaune, le blanc et le noir. Elle se montrait si experte dans son travail que nous la surnommâmes « Phildar ».

Puisque nous ne pouvions bouger de notre quartier, je demandai – et obtins, même si ce fut péniblement – qu'un professeur de gymnastique vînt nous faire bouger un peu. Au début, ce furent de grandes parties de rigolade. En short et en collant, les filles couraient autour d'un tapis, levant haut les genoux avant de se laisser tomber pour s'essouffler dans les exercices d'abdominaux (la ligne du ventre constituait notre premier point de mire). Après deux séances, le nombre des participantes avait diminué de moitié. Après un mois, seules Nicole et moi suivions les cours de gymnastique, sous l'œil rieur de nos bébés qui suivaient nos ciseaux avec beaucoup d'intérêt.

Je me rendis rapidement compte à quel point l'ennui pouvait nous aseptiser le cerveau – quand il ne nous rendait pas carrément débiles. J'abandonnai les séances de télévision, qui contribuaient trop à nous abrutir. J'entrepris de rédiger un mémoire rapportant les aberrations, les humiliations et les méchancetés dont les jeunes mères étaient victimes en prison. Je le montrai aux filles, qui s'y reconnurent. Emportée par mon élan, j'écrivis des demandes de permission de Noël pour chacune d'entre nous. Elles furent toutes refusées, naturellement. Il n'empêche : la possibilité d'y croire et de se souder les unes aux autres nous avait fait du bien. Plus que jamais, nous étions dans le même bain.

Dès lors, je devins la scribe de mes camarades, chargée de rédiger les lettres officielles envoyées à la direction, aux juges et aux avocats. En échange, elles m'apprenaient à tricoter et à lire dans les lignes de la main.

Près de six mois s'étaient écoulés depuis mon emprisonnement. J'avais changé. Tout d'abord, le régime alimentaire de Fleury m'avait vite rendu ma silhouette d'avant la grossesse, moins quelques kilos. Mais là n'était pas le plus important.

Dans le contexte carcéral, où l'activité du corps est réduite au strict minimum, la pensée prend possession de l'être tout entier. L'introspection, même si elle débouche souvent sur le cafard, dépouille l'individu de nombre de fausses valeurs et d'idées préconçues liées aux habitudes, aux nécessités de la vie, aux convenances et aux divers intérêts. Raisons pour lesquelles six mois d'emprisonnement m'avaient également dégrossie de quelques embarras excédentaires.

Il me semble que j'acquis une idée plus juste de moi-même. M'observant davantage, j'étais également plus apte à comprendre les autres, ce qui les habitait, ce qui les touchait ou les animait. Je m'aperçus que tous les sentiments, bons ou mauvais, se trouvaient aussi en germe chez moi, comme si je détenais une parcelle du tout. Je pensais que la plupart des hommes étaient semblables, recelant le meilleur et le pire, l'une et l'autre tendance s'exacerbant selon les situations et les circonstances. J'apprenais la tolérance.

Je vivais également autre chose. En moi était née une lueur, une étincelle, une joie intérieure qui me donnait la force de dépasser le temps et me permettait de croire que je surmonterais les épreuves à venir. C'était un peu comme si j'avais trouvé la foi. Et je me trimballais avec cette sensation quasiment physique qui m'apportait une véritable énergie. Je me surprenais parfois à chantonner sans raison ou à éprouver de la gaieté. Il m'arrivait même de me sentir heureuse. J'avais conscience de ce don exceptionnel, et c'est bien Dieu que je remerciais.

Je définissais la prison comme une espèce de mare au diable : un lieu perdu où l'on s'est fourvoyé un soir et où l'on tourne indéfiniment sans jamais trouver d'issue. Il ne se passait pas de jour sans que je me plante devant la fenêtre, mon bébé sur la hanche, à regarder la vaste cour de promenade ouverte sur le ciel, encadrée par le mur d'enceinte et la muraille des divisions d'en face. Lorsque j'étais devant ce décor quotidien, et qu'apparaissaient les cimes des arbres dépassant des hauts murs, je me demandais si, à l'extérieur, il se trouvait encore des hommes pour connaître notre existence. Il n'y avait que les oiseaux pour le savoir, et encore s'étaient-ils trop accommodés ; ils faisaient partie des murs ; ils se nourrissaient des restes que les filles leur balançaient des fenêtres et se blottissaient sur les barbelés qu'ils confondaient avec des buissons.

Je regardais les filles et leur ronde sans fin. Quelques-unes passaient sous ma fenêtre fermée, qui ne laissait percevoir aucun son. Personnages réels ou reflets ? L'appel de fin de promenade les engloutissait brusquement ; en quelques minutes, elles avaient disparu par la porte étranglée qui conduisait aux ronds-points. La cour redevenait déserte pour une éternité. Alors les oiseaux revenaient. Une multitude d'oiseaux. Des corbeaux. Des corbeaux noirs.

Par moments, je me coulais dans les murs. Il n'y avait plus qu'eux et moi. Quelques pensées fugitives et douloureuses me traversaient l'esprit sans que je comprenne la raison de leur apparition. Elles survenaient surtout le matin. Je m'éveillais en me demandant ce que je fichais là, depuis quand j'y étais et pourquoi. J'avais l'impression que ma vie n'avait jamais été autre et qu'il en serait ainsi jusqu'à ce que je n'aie plus conscience de rien.

Mon plus grand trouble venait de la présence de cet enfant à mes côtés. Cathy grandissait, changeait. Le temps avait encore une influence sur elle. Il y avait là quelque chose de paradoxal par rapport à ma propre perception du présent et de sa durée éternelle.

Je vivais totalement en osmose avec ma fille. Nous mangions ensemble, nous nous promenions ensemble, nous dormions ensemble ; c'était le seul moyen que j'avais trouvé pour la protéger des rondes de nuit. Dans la journée, nous dansions de longs slows rythmés par la musique de la radio ou par les chansons que j'improvisais :

« *Mon enfant, mon amour, quand je te vois*
[j'oublie
La souffrance de mes jours, les regrets de ma
[vie... »

Cathy suivait tous mes mouvements en roulant ses yeux noisette. Quelle vie il y avait dans ses sourires pétillants ! Il existait un dialogue particulier entre nous, fait de paroles, de gazouillis, de corps à corps, de rires et de jeux.

À Michel, j'apprenais son enfant par correspondance. Je lui écrivais sans cesse, tout au long de la journée. Le courrier, qui transitait par le cabinet du juge, mettait un temps infini à nous parvenir. Je lui parlais de tout. Je lui décrivais les bonheurs que je ressentais auprès du bébé, ma foi en l'avenir, et cette force qui me permettait de croire qu'un jour nous serions de nouveau réunis. Il me suffisait de regarder Cathy pour en être convaincue.

En réalité, je ne savais nullement combien de temps nous resterions l'un et l'autre en prison. Comme tous les détenus dont les affaires sont en cours d'instruction, je demeurais dans l'ignorance totale de mon sort. Mais, pour l'heure, c'était l'avenir de mon bébé qui me préoccupait. Et, depuis des semaines et des semaines, je pensais que ma liberté ne venant pas, le mieux était de rendre la sienne à ma fille.

Depuis sa naissance, nous ne nous étions jamais quittées. Je l'avais tenue serrée contre moi, j'avais joué avec elle, je l'avais nourrie, lavée, habillée... Tout ce que fait ordinairement une mère, mais une mère est rarement prisonnière et peut puiser des sources de bonheur ailleurs que dans la maternité. Pas moi. Me séparer de Cathy serait un terrible déchirement, une douleur dont je craignais ne pouvoir me remettre.

Pendant des jours et des jours, je me suis demandé ce qu'il convenait de faire. J'ai pesé le pour et le contre en essayant de mettre de côté les sentiments égoïstes. La question qui restait posée concernait l'âge de l'enfant, l'âge à ne pas dépasser. Il me semblait que six mois était le seuil limite. Jusque-là, ma fille avait trouvé auprès de moi les bases de confiance et d'amour qui lui seraient nécessaires dans la vie. Mais à partir du moment où elle allait marcher à quatre pattes, s'asseoir et explorer son environnement, mieux valait qu'elle le fît ailleurs qu'en prison, où les murs et les cailloux constituaient son seul horizon.

Le cas de la petite Natalia me confirma dans le choix que j'étais, difficilement, en train de faire. Natalia était l'aînée des enfants de la nursery. Lorsqu'elle atteignit dix-huit mois, âge limite pour garder les enfants à Fleury, une visiteuse de prison se chargea de la préparer au « pays libre ». Jusqu'alors, Natalia n'avait quitté sa mère que lorsque celle-ci s'était rendue au cabinet médical. Chaque fois, la séparation avait donné lieu à des hurlements : la petite demeurait inconsolable tant que sa mère n'avait pas réapparu.

Lorsqu'elle sortit de la nursery dans les bras d'une surveillante, elle était muette de frayeur. La fouille, je présume, ne contribua guère à la rassurer. Une fois franchies les portes de la prison, elle découvrit les arbres, l'espace, les voitures... La panique s'empara d'elle. Les choses empirèrent encore dans le taxi où elle fut déposée. Finalement, personne ne parvint à la calmer. La balade s'arrêta là. Natalia revint après vingt minutes, se réfugia dans les bras de sa mère désemparée, et sanglota longuement.

Je ne voulais pas que Cathy souffrît ainsi le jour où elle sortirait.

Par rapport à mes camarades, je bénéficiais d'une chance inestimable : j'avais de la famille à l'extérieur, prête à m'aider. Ma sœur aînée avait recueilli Myriam de bon cœur, et la sœur de Michel, dont j'avais fait la connaissance au parloir de la prison, était d'accord pour s'occuper de Cathy. Je savais qu'elle l'élèverait avec beaucoup d'amour, et cela me réconfortait.

Je pris donc la douloureuse décision de me séparer de mon bébé.

Vint le dernier jour. J'avais soigneusement préparé le trousseau de ma fille. Je l'avais vêtue des vêtements les plus beaux que j'avais pu trouver. Sur plusieurs feuilles de papier étaient scrupuleusement notées toutes ses habitudes : le bain, les biberons, ses goûts, ses horaires, la façon de l'endormir, ses chansons préférées, ce qu'elle aimait et ce qu'elle n'aimait pas, ce qui l'effrayait et ce qui la faisait rire, ses problèmes de santé, mes petits trucs à moi pour la soulager... Tout. Et nous étions là à danser notre dernier slow, elle s'endormant sur mon épaule et moi respirant profondément son odeur de bébé, au creux du cou, là où c'est chaud – quand la porte s'est ouverte.

La porte s'est ouverte de cette manière particulière aux prisons, d'un seul mouvement, après qu'on eut introduit la clé, déverrouillé et arraché le pêne, le tout en une seconde à peine et dans un fracas inoubliable.

La surveillante m'a tendu des sacs en plastique dans lesquels j'ai soigneusement rangé les affaires de la petite. J'ai demandé à l'accompagner, mais on n'a pas voulu. J'ai embrassé ma Cathy une dernière fois, puis le battant s'est refermé et je me suis retrouvée six mois plus tôt, lorsqu'un inconnu emmenait ma fille aînée loin de ma vie. Alors je me suis écroulée sur mon lit.

Une demi-heure plus tard, le battant s'ébranlait à nouveau. Cette fois, c'était pour moi. Je devais quitter la nursery. J'étais devenue une détenue ordinaire.

LA MARIÉE ÉTAIT EN JEAN

Je ne croyais pas que la prison fût si vaste. À chaque rond-point, des couloirs blancs s'enfonçaient aux quatre coins cardinaux. Poussant mon chariot devant moi, je suivais les deux guides qui me conduisaient à ma nouvelle cellule.

Nous passâmes une dernière grille. Devant nous s'allongeait un nouveau couloir, aussi blanc que les précédents. De chaque côté, s'alignaient des portes laquées noires qui laissaient échapper quelques cris :

– T'es une arrivante ?... Comment tu t'appelles ?... T'es toute seule ?

Le roulement du chariot suscitait la curiosité. Je demeurais silencieuse, trop peu habituée à l'endroit pour m'y sentir à l'aise. Pour la première fois j'entrais en division, c'est-à-dire en détention normale.

La cellule portant le numéro 6 ressemblait à toutes les autres : neuf mètres carrés, un lit recouvert d'un matelas en mousse, une table, une chaise, un placard, des toilettes dissimulées par une cloison haute d'un mètre, un œilleton, un interphone muni d'une radio, une fenêtre en plexiglas, une porte sans poignée. J'entrai là. Pour de longs mois peut-être.

En division, la vie est différente de celle de la nursery. Chaque jour, les cellules crachent des dizaines de filles que des surveillantes acheminent vers leur poste de travail ou les salles de cours. Au-delà des grilles, elles abandonnent les détenues à d'autres fonctionnaires en poste fixe, qui les surveillent à distance.

Les premiers temps, je me fis l'effet d'une élève débarquant dans une nouvelle école au deuxième trimestre. Complètement perdue, je profitais des promenades pour m'approcher des fenêtres de la nursery, où je guettais les visages de mes anciennes camarades. Puis je m'allongeais sur l'herbe, fermais les yeux, et écoutais le bruit de fond vivifiant qui remplissait l'espace : les rires, les chants, les bribes de conversations alentour... une vraie cour de récréation.

Autour de moi, le printemps démarrait fort : les filles arboraient des maillots de bain « faits maison » et s'enduisaient le corps d'ambre solaire fabriqué à base d'huile et de jus de citron. Fleury-plage ouvrait la saison. Le dimanche après-midi surtout, la cour de promenade battait son record d'occupation. On pouvait croire que du jour au lendemain la population carcérale avait soudainement triplé. De temps à autre, les « matonnettes », dépêchées par une gradée, organisaient des descentes dans la cour afin de chasser les seins nus. Un haut-parleur rythmait la cadence : « Mesdames, je vous rappelle qu'il est interdit de se mettre les seins à l'air. »

Amusées, nous pensions à la réaction des détenus d'à côté s'ils entendaient cette annonce...

Bientôt, la cour et la prison n'eurent presque plus de secrets pour moi. Je connaissais pratiquement tout le monde et je dois dire que j'aimais bien les filles : leurs rires, leurs danses, leur franc-parler, leur fantaisie, leurs émotions...

On trouvait toujours dans le même coin le groupe des Maghrébines qui chantaient en frappant des mains, assises autour d'une ou de deux danseuses qui évoluaient sur un rythme endiablé. Plus loin, les Africaines étaient tout aussi agitées. Le long mur de l'atelier servait de dossier à celles qui discutaient. Quelques isolées marchaient à l'écart ; les Yougoslaves allaient ensemble, vêtues de robes bariolées qui contrastaient avec la tristesse de leurs visages ; il y avait aussi les coureuses à pied, les joueuses de foot, et les plus jeunes, pâles et titubantes, qui quémandaient des cigarettes : des gamines en manque...

Avec les beaux jours, les filles sortaient donc de l'hibernation. J'essayais bien de retenir celles qui faisaient partie de ma classe, mais elles désertaient les cours au profit du soleil de mai. Souvent, je me retrouvais seule face à nos professeurs. Immanquablement, les discussions dérivaient sur un plan personnel. Alors, je ne pouvais m'empêcher de parler de l'amour existant entre Michel et moi, de notre désir de construire un foyer. Et chaque fois, je percevais la même lueur de sympathie dans le regard de mes interlocuteurs. Je me faisais des alliés du cœur et cela me réjouissait, car je me défendais d'être une illuminée.

Avec le juge, ce n'était pas la même chose. Lorsque je devais me rendre au palais d'Évry, l'angoisse me saisissait. Je suivais alors le conseil du professeur de yoga, qui nous avait enseigné à respirer par le ventre. Cela m'aidait à supporter les souricières et les cages, les fouilles, les menottes, les gardes et leurs mitraillettes, les hurlements des sirènes. Mais rien ne me perturbait autant que l'annonce du matin crachée par l'interphone : « Une telle, palais à quatorze heures. » J'avais alors l'impression d'émerger d'un couloir sombre où, pendant des mois, j'avais cru ne plus exister – au point de me demander si j'étais encore visible.

Mais que dire au magistrat instructeur ? J'admettais bien, à présent, être coupable d'amour et avoir péché par naïveté. Il y avait des gens pour juger cela, et j'espérais seulement qu'un jour on estimerait que j'avais fait mon compte. J'avais également peur qu'on ne me prît pour ce que je n'étais pas, c'est-à-dire une calculatrice, une femme intéressée ou, tout bêtement, mauvaise en soi. J'aurais bien voulu confier au juge : « Monsieur, j'aime Michel, mais pas du tout l'argent. Jamais je ne l'aurais assisté dans ses activités et si j'avais connu ses projets, j'aurais tenté de le retenir. Mais en aucun cas, je ne l'aurais dénoncé. » C'était là tout ce que j'avais à dire.

Lorsqu'on me demandait combien de temps le juge me garderait, je ne savais que répondre. Je n'avais jamais osé lui poser cette question qui, pourtant, me brûlait les lèvres (à vrai dire, je ne pensais qu'à cela). D'autant que j'étais toujours inquiète en quittant son cabinet : chaque fois, j'avais l'impression que nous n'avions pas avancé d'un pouce.

Après huit mois de détention, j'avais appris à gommer les soucis de second ordre. La prison avait nettoyé les divergences existant entre Michel et moi. Au fil de notre correspondance, nous nous étions découverts à nu. Je voulais désormais laisser le passé derrière nous et m'occuper de l'avenir. Après l'épreuve, viendrait le combat, je m'y sentais prête.

Je savais par notre avocat que Michel risquait de passer de nombreuses années en prison. Je comptais le défendre, rester à ses côtés – et qu'il le sache. Le mariage, c'était la seule preuve de confiance, la seule raison d'espérer que j'avais à lui offrir.

Nos lettres étant lues et relues, la pudeur m'empêcha de lui exposer ma demande directement. Je chargeai l'avocat de lui transmettre ma proposition. La réponse, à laquelle je ne m'attendais pas, ne se fit pas attendre : Michel refusait. Il avait été très ému, mais il estimait qu'il n'avait pas le droit de me laisser aliéner mon existence. Il craignait que je ne regrette mon geste plus tard.

J'insistai. Je dis que je l'attendrais le temps qu'il faudrait et qu'ensuite nous recommencerions ensemble une nouvelle vie. Et, en attendant que l'avocat joue les pigeons voyageurs entre nous, je me prenais à rêver à cette existence que j'imaginais pour ma petite famille. Je pensais sans cesse aux chambres de mes filles, associant à ces songes mon amour de mère frustrée et redevable. Le soir, dans ma cellule, je cherchais à mesurer sur nos visages notre harmonie retrouvée. Lentement, les images commençaient à se mouvoir, et elles défilaient bientôt les unes à la suite des autres. Je nous imaginais, bras dessus, bras dessous, soudées dans la foule, et nous longions les boutiques éclatantes de lumière à la recherche du marchand idéal, qui aurait étalé d'un revers de main enchanteur les tissus, les voilages, les papiers assortis à nos envies de couleurs. Je nous voyais dans un univers secret et intime, portant le regard sur le plaisir et seulement sur cela. J'étais disponible, ouverte, uniquement préoccupée par les soins de mes filles. Je puisais mon courage dans l'espoir et l'amour. Je restais liée des années à Michel. Je me battais pour lui, j'allais plaider sa cause auprès de ceux qui tenaient notre vie entre leurs mains. Comme une mère luttant pour son gosse condamné, quand elle est seule à croire qu'il reste quelque chose à faire, je remuais ciel et terre pour trouver le remède, la solution. Si le malfaiteur était condamnable, l'homme était digne d'intérêt : je voulais apporter un autre regard sur sa personnalité, et démontrer qu'il pourrait recommencer sa vie à partir du foyer que nous avions fondé. Et si le cœur n'y suffisait pas, je faisais appel à la raison. Car sait-on quels risques on prend en coupant l'homme des seuls liens qui le rattachent encore à la vraie vie, aux siens ? Ne finit-on pas par faire de lui un être irréversiblement malade de l'enfermement, potentiellement irrécupérable ?

Je souhaitais croire en la justice, en la raison, aux sentiments humains. De l'espoir, je voulais de l'espoir...

Michel finit par se rendre à mes arguments. Sitôt que j'eus obtenu son accord, je chargeai mon avocat de s'occuper des formalités. Lorsque nous eûmes les autorisations indispensables, une date fut fixée : ce serait pour le 27 mai. À la même époque, j'appris que mon frère Gilles avait été condamné à cinq années de prison pour le meurtre de son camarade : les jurés de Reims lui avaient accordé la légitime défense. Compte tenu de la préventive, dans moins d'un an il serait rendu à la liberté, à sa femme et à ses enfants. Lorsque je sortirais, tous ensemble, nous pourrions bâtir un nouvel avenir.

En attendant, mon horizon se limitait toujours aux dimensions bouchées de la prison. À cette différence que, pour la première fois, je n'étais plus seule dans ma cage.

Jusqu'alors, j'avais tenu à ma solitude cellulaire. Elle m'avait été octroyée après que j'en eus fait la demande à la direction (à cette époque, c'était encore possible). Mais la cellule voisine de la mienne était occupée par une jeune femme, Frédérique, qui se morfondait d'angoisse. Elle m'avait abordée dans la cour et, peu à peu, nous avions sympathisé. Chaque soir, depuis nos fenêtres, nous passions donc des heures à bavarder.

Bientôt, le moral de Frédérique tomba au plus bas. Mes paroles ne suffisaient plus à lui remonter le moral, et je commençais à prendre peur pour elle. Les suicides, cela existe. Pendant longtemps, j'en avais seulement entendu parler. Mais une nuit, nous avions été alertées par un chahut dans le couloir (pas précipités, bruits de clés, cris...) : la gamine d'en face, une môme d'à peine dix-sept ans, s'était pendue. J'en avais été bouleversée. Depuis, ce souvenir ne s'est jamais effacé de ma mémoire.

Je proposai à Frédérique de partager ma cellule. Un matin, la porte s'ouvrit sur mon amie. Elle avait apporté son matelas et son paquetage. Elle me regarda, puis les murs, les barreaux, les lits superposés et, soudain, éclata en sanglots. Presque aussitôt, elle se mit à hurler. Elle appelait un certain Tom. Son cri était si déchirant que je n'osais intervenir. Des exclamations partirent des cellules voisines. On la traitait de folle. Lorsqu'elle fut calmée, Frédérique m'expliqua qu'elle avait été condamnée à un an de prison pour trafic d'herbe, et que Tom, son petit ami, avait été déféré à l'audience sur un brancard : il s'était cassé le pied en prison au cours d'un match de football et, faute d'avoir trouvé des béquilles, on l'avait allongé sur une civière.

En soi, l'histoire n'était pas véritablement dramatique mais, jointe au théâtre du tribunal, cette situation grotesque avait mis à mal les nerfs de ma codétenue.

Je découvris rapidement que Frédérique manifestait ses joies et ses peines à grand bruit. Elle était adepte de culture hindoue et d'astrologie chinoise, connaissait tout du yin et du yang, et considérait qu'il fallait extérioriser au maximum ses sentiments. Cette fille était un ouragan : elle ne cessait de raconter des histoires qu'elle qualifiait de « fabuleuses », emplissait la cellule de fleurs séchées, de coupelles improvisées emplies d'huile parfumée à la pelure d'orange, de bouquins traitant de relaxation corporelle et de connaissance de l'esprit. À Fleury, elle passait pour une emmerdeuse et se voyait rembarrée sitôt qu'elle ouvrait la bouche. Ses sempiternelles demandes d'explication, formulées à propos de tout et de rien, lui avaient valu une fâcheuse réputation auprès de l'administration pénitentiaire. Je pressentais confusément qu'on ne s'embarrasserait pas d'elle trop longtemps (ce qui se révéla exact : Frédérique fut rapidement transférée dans une immonde prison de province).

C'est en compagnie de cette fille aussi envahissante que sympathique que j'attendis le grand jour. Le 27 mai, après avoir chaussé puis ôté les souliers à talons achetés sur catalogue, après avoir enfilé puis jeté sur mon lit la robe acquise de la même manière, je décidai de me marier le plus simplement du monde : en chemisier et en jean blancs. Sans rouge à lèvres pour que les matons ne me reluquent pas.

À l'aube, j'étais prête. Il me fallut attendre le milieu de l'après-midi. Des surveillantes me guidèrent jusqu'à la sortie. La fouille m'attendait, puis un séjour en cage, et, enfin, la camionnette qui devait me conduire jusqu'au quartier des hommes, où je retrouverais Michel.

Lorsqu'on me fit descendre du fourgon, mon cœur battait la chamade. Des gardiens rejoignirent ma surveillante. Nous pénétrâmes dans la prison. Derrière un comptoir, quelques employés levèrent la tête en nous voyant passer. Ils affichaient un petit sourire auquel je ne répondis pas. Je n'avais qu'un désir : voir Michel.

On me fit entrer dans une grande pièce barrée par une longue table. Michel était assis, entouré par dix gardiens. Dès qu'il me vit, il se leva. Ses yeux brillaient. Son sourire trahissait une émotion et une joie intenses. Il portait une chemise rayée bleue et un pantalon impeccable. J'étais heureuse. J'avançai vers lui. Il ne bougeait pas – en prison, on apprend à ne pas se déplacer seul. Je lui tendis les mains et il les prit sans me quitter des yeux. Nous échangeâmes un baiser furtif. J'étais troublée. Tout cela me paraissait irréel, de l'ordre du fantastique. Je pouvais à peine parler.

L'adjoint au maire me demanda qui était mon témoin :

– Mon conseil, dis-je. Il doit être en retard... On peut peut-être appeler son cabinet...

À ma grande stupéfaction, le chef composa le numéro.

– Cela ne répond pas, dit-il en raccrochant le combiné.

– On va attendre quelques minutes encore...

C'était l'adjoint au maire. Tant de gentillesse et de complaisance me paraissaient extraordinaires.

Michel n'avait pas lâché mes mains. Nous étions si émus que nous ne savions que nous dire. Alentour, les conversations allaient bon train : tous étaient détendus. Cependant, malgré le ton badin et l'atmosphère bon enfant qui régnait dans la pièce, il y avait des gardiens en uniforme et personne n'oubliait que nous étions en prison.

L'officier de l'état civil regarda sa montre et se leva.

– Nous allons procéder à la cérémonie, dit-il.

Puis, s'adressant à moi :

– Votre témoin étant absent, il va falloir en désigner un autre... Généralement, on choisit un membre du personnel...

Il se tourna vers la surveillante qui m'avait accompagnée et lui demanda si elle acceptait. Aujourd'hui, je ne me souviens pas du nom de cette femme qui fut mon témoin à Fleury, le 27 mai 1982. Celui de Michel était l'aumônier de la prison.

L'officier ministériel se plaça face à nous et débita son laïus. De temps à autre, il nous regardait par-dessus ses lunettes avec un petit sourire navré.

– Les deux époux se doivent mutuellement fidélité, secours et assistance... La femme devra suivre son époux.

Enfin, il nous déclara unis par les liens du mariage. Michel me serra les mains un peu plus fort et m'embrassa. Le gradé qui surveillait la cérémonie nous dit :

– Vous avez droit à une heure.

– Et vous ? répliqua Michel sans se démonter. Vous restez aussi ?

– Vous savez, M'sieur Vaujour, s'il ne tenait qu'à moi...

Le fonctionnaire paraissait sincèrement embarrassé. Il rassembla ses hommes à l'écart. La gardienne se joignit à eux, et Michel et moi restâmes presque seuls. Dans une bulle de bonheur.

– Tu m'as fait un beau bébé, ma chérie. C'est merveilleux...

Nous murmurions, serrés l'un contre l'autre.

– Elle va bientôt parler ?

– Mais elle n'a que huit mois !

Et je riais.

– Quand vas-tu sortir ?

– Je ne sais pas, Nad. Et puis ne parlons pas de ça...

– Tu en as déjà fait un bon paquet, non ?

– Il m'en reste beaucoup.

– Combien ?

– Trop.

– Mais dis-moi !

– Pas maintenant. Une heure, c'est peu...

Il éludait.

– Chérie, embrasse-moi.

Le surveillant-chef se tourna vers nous :

– Monsieur Vaujour, c'est terminé.

L'heure était passée si vite... Il n'était pas facile de repartir. Tant que dura le trajet du retour, mes pensées restèrent avec Michel. Il était devenu mon mari, et je ne savais pas quand je le reverrais. J'avais peine à retenir mes larmes.

J'arrivai au quartier des femmes quelques minutes avant la fin de la promenade. Je me tournai vers la surveillante :

– Je peux y aller ?

Elle ne répondit pas mais fit ouvrir la porte donnant sur la cour. La caresse du soleil me fit du bien. Une dizaine de filles se précipitèrent vers moi, m'embrassèrent en me soulevant de terre. Elles criaient : « Vive la mariée ! »

La fête fut interrompue par le grésillement du haut-parleur :

– Nadine Vaujour, parloir avocat.

Je retombai au sol.

– Décidément, c'est ta journée ! lança une voix. Les visites des avocats, en effet, sont toujours accueillies comme un événement.

Mon conseil m'attendait dans la petite pièce dévolue à la défense. Il paraissait content.

– Excusez-moi, fit-il comme j'entrais. J'ai été bloqué par la circulation...

– Ce n'est pas grave. On s'est débrouillés sans vous.

– Comment allait Michel ?

– Comme un homme qui se marie.

– J'ai un cadeau pour vous.

L'avocat se pencha sur sa serviette.

– Vous avez planqué un petit coup à boire ? demandai-je en souriant.

Il rit, feuilleta ses documents et reprit :

– Mieux que cela. Le champagne, nous le boirons ce soir.

– Vous serez ici ce soir ?

– Non. Je vous attendrai dehors.

Il exhiba une feuille de papier. Je le regardai, interdite.

– Vous êtes libre, Nadine.

Et comme je demeurais paralysée et muette, il ajouta :

– Le juge a accepté ma demande de mise en liberté... En somme, c'est son cadeau de mariage.

Je bredouillai. Il me fallut un certain temps pour réaliser. Lorsque je compris, je fus prise d'une joie immense. Comme une vague déferlante qui me recouvrit de part en part et me porta vers mon avocat. Je l'embrassai. Je ne tenais plus en place. Libre !

– Je sors ce soir, vous vous rendez compte ! répétai-je à la surveillante qui me ramenait en cellule. Ce soir !

Et à Frédérique, ma codétenue :

– Je suis libre ! L'avocat vient de me dire que j'étais libre !

Frédérique se laissa tomber sur sa chaise, incapable d'articuler le moindre mot. Moi, j'arpentais la pièce en tous sens.

À la distribution du dernier repas de la journée, je fis une entorse à mes principes et retins la matonne par la manche. D'une façon générale, je ne m'adressais pas aux surveillantes. Il me semblait que ma place n'était pas la leur et qu'un fossé infranchissable nous séparait. Pour autant, je n'éprouvais aucun sentiment particulier à leur égard et je ne me posais pas de questions à leur sujet. Elles étaient tout à la fois présentes et invisibles.

Mais ce soir-là, je voulais savoir si on ne m'oublierait pas, quand je partirais, si quelqu'un viendrait me chercher. Frédérique tenta de retenir la matonne ; elle s'arc-bouta contre la porte pendant que je criais mes questions. Le battant, hélas, fut repoussé, et nous nous retrouvâmes bouclées pour la nuit. J'étais en plein désarroi. Je savais qu'après cet instant, les contacts directs deviendraient impossibles. Certes, lorsque les rondes passaient dans le couloir, les filles cognaient parfois contre leur porte pour solliciter un service. Mais je n'aimais pas demander, ni par l'interphone (qui, lorsqu'il répondait, ne comprenait jamais rien), ni en collant ma bouche contre la porte pour articuler une demande qu'on repoussait trois fois et demie sur quatre.

Je demeurai donc face à cette porte couleur de goudron. Je fus prise d'une irrésistible envie de me ruer sur le battant, de le frapper des poings et des pieds, de l'éventrer. Mais j'avais trop bien appris à me résigner pour céder à mon impulsion. Je savais combien on risque de devenir fou lorsqu'on se heurte de plein fouet à l'enfermement. Depuis longtemps, je préférais me retourner vers la fenêtre et les arbres. Ceux-ci, oui, étaient devenus mon obsession. Ces arbres qui criaient les soirs d'orage et miroitaient au soleil des premiers beaux jours. Voilà, je crois, ce qui me faisait le plus envie : marcher au milieu des arbres.

Derrière moi, Frédérique pleurait, assise sur le lit. Je l'avais presque oubliée. Je connaissais la raison de sa douleur. Je n'ignorais pas combien font souffrir les libérations tardives, lorsque, dans le couloir, on entend chuchoter les filles qui veulent dire au revoir à leurs camarades et à qui les surveillantes commandent de se taire et de se hâter. Je me rappelais le coup au cœur que ces libérations en catimini provoquent chez celles qui restent – et qui s'efforcent de ne pas y prêter attention. Je me souvenais des larmes que j'avais versées lorsque Sélina, enfin libérée, avait hurlé dans le couloir : « Nadine, viens avec moi ! Nadine, viens avec moi ! », répondant à la superstition des Yougoslaves qui appellent ceux qu'elles aiment pour les entraîner sur la route de la liberté.

Je consolai Frédérique comme je le pus, l'assurant que je ne la quitterais pas, que même à l'extérieur je resterais son amie. Puis je m'occupai de mes affaires.

À vingt heures, je me résolus à presser le bouton de l'interphone. Au bout d'une quinzaine de minutes, une voix se fit entendre. Je racontai mon histoire – sans succès : il n'y avait aucun ordre me concernant, pas le moindre papier officiel. Une heure plus tard, je renouvelai ma tentative : le résultat fut le même. Je me laissai tomber sur mon lit, défaite. J'étais persuadée que l'avocat n'avait rien compris, que je ne sortirais jamais de prison.

J'enfilai ma chemise de nuit et me glissai entre les draps. Frédérique, à son tour, tenta de me réconforter. En vain. Je finis par m'endormir, le cœur lourd, les larmes au bord des yeux.

Peu avant minuit, le timbre métallique de l'interphone résonna dans la cellule. Je ne l'entendis pas. Ce fut Frédérique qui me sortit de mes cauchemars.

– Nadine, on t'appelle !

Je tendis l'oreille.

– Madame Vaujour, crachait l'appareil, préparez vos affaires. Vous êtes libérée.

Je sautai hors du lit.

– Préparez vos affaires, répéta la surveillante dans le micro.

– J'attends cela depuis quatre heures ! criai-je. Et c'est maintenant que vous me prévenez ?

– On vient seulement de le savoir. Si vous voulez, vous pouvez sortir demain à sept heures.

– Quelqu'un est venu me chercher ?

– Pas à ma connaissance.

Je regardai Frédérique : elle était très pâle. Par la fenêtre, un clair de lune bleuissait les arbres endormis.

– Demain, dis-je. Mais ne m'oubliez pas !

À l'aube, la surveillante de ronde frappa un petit coup à la porte. J'étais prête. Frédérique dormait encore, ramassée en boule. Le baluchon contenant ses affaires était posé à ses pieds, sur le matelas. Je n'osai la réveiller. Je griffonnai un mot sur une feuille de papier, laissai mes cigarettes, mes timbres, mes crayons et mes cahiers puis, sans bruit, je sortis de la cellule.

Le chariot du départ, avec son bruit de ferraille, emmena mes bagages vers la sortie. Je le poussai, aussi hésitante que la première fois. À chaque pas, c'était comme si une partie de mon être s'infiltrait dans le sol de cette prison. Nous suivions des rangées de portes sans écho ; derrière chacune d'elles, une âme vivait.

Il y avait de la brume dans la grande cour. Était-ce le début ou la fin d'une hallucination ? Je n'étais encore sûre de rien.

Lorsque nous eûmes traversé la prison, on me fit attendre dans une de ces cages que je maudissais. Au bout d'un certain temps, je fis remarquer qu'étant libre, je ne comprenais pas qu'on m'enfermât encore. À quoi la gardienne me répondit que je ne serais pas libre tant que je n'aurais pas franchi la dernière porte.

On me fit sortir, on me passa les menottes, on m'embarqua à bord d'une camionnette. Direction la prison des hommes pour la levée d'écrou. Plus j'approchais de la sortie, plus la nervosité me gagnait. J'avançais vers le bonheur à pas comptés, m'isolant en moi-même comme pour souffler sur les braises de mon foyer intérieur ; je parvins ainsi à chasser l'envie de pleurer qui me submergeait.

On m'enferma dans une nouvelle cage. Des graffiti noircissaient les murs. Ils témoignaient des mouvements des prisonnières : les dates d'entrées étaient écrites en caractères appuyés, celles des sorties, tout au contraire, paraissaient avoir été griffonnées à la plume. Une phrase attira mon attention : « L'aurore chassera les monstres. »

Enfin, on m'ouvrit. On me tendit mes affaires, puis je passai le sas et le portique. J'étais seule. Il n'y avait aucun garde, ni devant ni derrière. J'entendis un déclic, et je vis basculer la porte de fer de la prison. Dans un embrouillamini d'images apparurent les voitures, les arbres, le soleil matinal et la silhouette de ma mère. Je descendis lentement les marches conduisant au pays de la liberté. Une voix résonna derrière moi : « Veuillez refermer la porte. »

Le comble !

Je me retournai, revins sur mes pas et, sans rire, refermai la porte de Fleury-Mérogis.

DEUXIÈME PARTIE

FEMME DE PRISONNIER

La nuit et le silence se refermèrent sur nos retrouvailles. J'avais retrouvé ma mère, mes deux filles et, par un hasard extraordinaire, mon frère Gilles : le 27 mai, jour de ma libération, correspondait au jour de sa première permission. Après le chamboulement que nous avions tous subi, rien ne pouvait nous procurer plus de bonheur : être ensemble. Nous redécouvrions une liberté sans tache, la douce chaleur de la famille.

Nous nous aimions profondément. Pourtant, il avait bien fallu cette longue séparation pour que nous nous embrassions. Chez nous, on s'étreignait rarement. Mais la liberté avec laquelle nous nous parlions, nos rires, nos conversations, les jeux avec les enfants et l'intérêt que nous nous portions les uns aux autres montraient combien nous étions unis.

Mes filles dormaient avec moi. Je me grisais de leur présence. Les émotions repoussaient le sommeil, et tout se mêlait, la joie du retour, la sensation de liberté, la douce chaleur des enfants, et mes noces de solitude. La grande m'enlaçait furieusement, comme si elle craignait de me perdre à nouveau. La petite, après des tours et des détours dans le lit, finissait par s'endormir sur mon ventre, les pieds tendus en travers du matelas. Et je me demandais quelles cicatrices laisserait la blessure qu'elles avaient subie.

Ma mère avait un sourire triste – mélange de lassitude et d'espérance en des jours meilleurs. Une fois encore, elle avait traversé une épreuve terriblement pénible. Depuis toujours elle avait dû faire face à une vie qui ne lui avait guère apporté de repos. Mais elle avait constamment été là, prête à foncer, à réparer les catastrophes, à écoper. Elle restait la plus vaillante de nous tous.

Gilles n'avait plus que neuf mois à passer dans la vieille prison alsacienne où il purgeait sa peine. Au début, l'épreuve avait été d'autant plus dure qu'on l'avait placé en QHS. Pour les mêmes raisons que Michel : parce que ayant fui la justice (il ne s'était pas rendu après la mort de son camarade rémois), on le tenait pour un irréductible.

Il s'était lancé dans les études, avait décroché son bac avec mention et réussi un DEUG de philo. À force de lire, sa vue avait décliné : il portait désormais des lunettes d'aspect assez curieux, pas spécialement jolies.

– Le premier modèle dans la gamme économique ! ironisait-il. Offert par l'administration pénitentiaire et pris intégralement en charge par la Sécurité sociale !

Je n'avais pas vu Gilles depuis longtemps, et j'étais heureuse de l'entendre parler de ses études, de sa femme et de ses enfants. Enfin, il me paraissait s'éloigner de la délinquance qui avait marqué sa jeunesse. J'espérais que la période noire refluerait pour de bon.

Pendant toutes ces années, il avait eu des nouvelles de son ami Michel, mais seulement, ou presque, par l'intermédiaire des journaux. Ces deux hommes, qui étaient amis, ne s'étaient quasiment jamais vus hors de prison : quand l'un était libre, l'autre ne l'était plus, et inversement.

Gilles s'inquiétait pour Michel.

– Je comprends pourquoi tu t'es mariée avec lui, me dit-il un jour. Pour le revoir... Pour le revoir vivant.

– Vivant ?

– Tu sais bien que Michel ne supportera pas de rester enfermé. Il est prêt à prendre tous les risques pour sortir. Et si vous ne vous étiez pas mariés, tu n'aurais pas eu le droit de le voir. Ou alors trop tard...

Un silence passa entre nous. Je compris que mon frère avait été terriblement marqué par ses quatre années de détention. Je me demandai s'il avait songé à la mort, lui aussi.

– Il s'évadera, reprit Gilles. Il n'a rien d'autre à faire.

– Mais il y a des recours en justice ! On n'a pas tout épuisé ! C'est long, mais c'est faisable !

– Faisable !

Gilles eut un petit rire nerveux.

– C'est dur pour toi, mais c'est pire pour lui. Parce que toi, tu es dehors, et que lui, il est dedans.

– Il y a des milliers d'hommes en prison. Il n'est pas le seul...

– Nadine, laisse-moi t'expliquer... Michel est considéré comme le détenu le plus dangereux de France.

– Il n'a tué personne.

– Oui, mais il s'est évadé... Quand un directeur de prison le voit arriver, il n'en dort plus la nuit. Parce que si Michel s'évade, lui, il saute. Alors, ils essayent tous de l'écrabouiller pour qu'il n'en reste rien.

Je demeurai muette.

– Michel n'est pas homme à se nourrir d'espoirs. Il a quinze ans à faire, mais quinze ans, c'est trop loin. Quand on est enfermé dans une cage jour et nuit, sans voir personne, sans parler, sans rien faire, on n'imagine pas au-delà des barreaux.

– Pourquoi tu me dis cela ?

Gilles me jeta un regard en biais et ajouta, entre les dents :

– Des barreaux, ça se scie.

Et il tourna les talons.

Je passai le mois de juillet avec mes enfants dans la maison des parents de Michel. Ainsi, j'eus l'impression de me rapprocher de mon mari. J'installai sa grande photo portrait contre la lampe de chevet. Dans la petite chambre où nous dormions, les enfants et moi, c'était un peu comme si la famille était au complet.

À la mi-juillet, pour la seconde permission de mon frère, la maison s'emplit des deux familles :

celle du côté de Michel et la mienne. Durant trois jours, l'atmosphère de fête ne faiblit pas. Je me souviens des gosses pépiant comme une nichée d'oiseaux, de Gilles, torse nu, tournant les gigots à la broche, de l'omelette norvégienne préparée tout spécialement par le chef cuisinier de la famille, le père de Michel, et des deux chiennes que nous avions retrouvées tremblant de terreur dans les toilettes, épouvantées par la pétarade des feux d'artifice.

L'après-midi, allongée dans l'herbe du jardin, j'écrivais à Michel. Nos échanges épistolaires ne ressemblaient plus à ce qu'ils étaient lorsque je m'adressais à lui depuis ma cellule.

Alors le courrier était comme un havre de paix, un pont jeté par-dessus l'espace, les lois, les murs et le temps. Ma solitude s'y rompait. Les pensées me venaient au fil de la plume, et plus je descendais profondément en moi, mieux je retrouvais Michel.

Désormais, je puisais la substance au-dehors, décrivant le monde en sorte que son âme devienne riche en couleurs et en sensations. J'espérais annihiler ainsi le dépérissement lié à l'isolement. Je devenais une femme-éponge, j'absorbais les joies de la nature, le bonheur des enfants, et je lui envoyais tout cela au creux d'une enveloppe parfumée des couleurs de la vie.

Gilles, hélas, avait raison : le sort de Michel n'était aucunement comparable au mien. Durant l'été, il tenta de s'évader. Jeté au mitard, il y resta quarante-cinq jours. Je tombai de mon nuage. L'action de mon mari prouvait que si nos désirs étaient les mêmes, les moyens que nous envisagions pour y parvenir divergeaient. Et, brusquement, je ne me sentis plus de taille à affronter l'avenir. Car si l'avenir c'était la belle puis la cavale, il fallait aussi imaginer l'envers du décor, soit les planques, les chasses à l'homme, la mort peut-être. C'était au-dessus de mes forces, et je ne pouvais, pas même mentalement, cautionner une action supposant de tels risques.

Je revins auprès de ma mère dans son petit pavillon de la région parisienne. La rentrée scolaire approchait et, avec elle, mon retour aux réalités. Je remisai mes rêves de petit papier fleuri et de chambres pour enfants. Les murs semblaient se rapprocher et les pièces se réduire sur nous.

Nous joignions les deux bouts avec les moyens du bord : chômage, allocations familiales, plus une aide de ma mère qui faisait quelques heures de cuisine dans un restaurant près de chez nous ; si près que les propriétaires apprirent rapidement nos mésaventures et la congédièrent.

En un an, Myriam avait beaucoup grandi. Elle était devenue tout à la fois plus mûre et plus fragile. Elle paraissait souvent en proie à la tristesse ou à l'ennui. À l'école, elle s'intégrait difficilement et s'intéressait peu à son travail. Elle ne comprenait pas pourquoi notre vie avait changé, pourquoi Michel n'était plus là, pourquoi ses chevaux et ses chats avaient disparu. C'était là son idéal de bonheur : une vie devenue un mirage, qui ne lui apportait que regrets et mélancolie.

Notre seule distraction, c'était Cathy. Elle se révélait une petite fille pleine de malice et de vitalité. Le soir, elle réalisait des spectacles qui nous faisaient mourir de rire. Elle ne s'endormait que très tard, se réveillait plusieurs fois pendant la nuit et se levait aux aurores, aussi fraîche qu'une fleur d'églantine.

Dans la journée, je m'occupais des démarches nécessaires pour rencontrer Michel. Il me fallait obtenir une autorisation auprès de trois juges : ceux de Nanterre, de Paris et d'Évry. Les deux derniers se retranchant derrière la décision de l'autre, je dus attendre, et attendre encore. Lorsque je rencontrai enfin mon mari, les arbres perdaient leurs feuilles depuis longtemps : l'automne tirait à sa fin.

Les traits de son visage étaient tirés et il avait minci. Il appliquait ses deux poings sur la vitre sans cesser de me dévisager. J'attendais qu'il me dise, mais on ne pouvait rien dire. Nous sommes restés longtemps à nous regarder, sans parler, exprimant par les yeux le bonheur de l'essentiel : être ensemble, même là.

Il m'expliqua que depuis ma libération, il s'était livré à deux activités. La première l'avait occupé pendant de nombreuses semaines. Il avait épluché le code pénal afin de pouvoir quantifier ses peines. Total : trente-six ans. Lorsqu'il m'annonça ce chiffre, je vacillai sur ma chaise.

– Trente-six ans, Nadine. Tu entends bien ? Trente-six ans ! Parce que les peines sont inconfusionnables.

– Ce n'est pas possible, balbutiai-je.

– Mais si, c'est possible ! Toi, tu confonds le code pénal avec la justice du cœur !

– Tu ne peux pas rester là pendant trente-six ans ! Même un type qui aurait tué dix personnes ne les ferait pas… Tu te trompes… Michel, tu te trompes !

Il posa sa main bien à plat sur le verre.

– J'ai demandé confirmation à l'avocat. Il m'a expliqué qu'il y a trois cas de figure concernant les confusions : la confusion de droit, obtenue d'office, celle que la loi n'interdit pas et qui reste à l'appréciation des magistrats sur requête du condamné. Et puis il y a la confusion interdite par la loi, contre quoi personne ne peut rien. Moi…

Il eut un petit sourire fataliste.

– À partir du moment où je ne peux plus rien espérer du côté de la loi, je n'ai qu'une chose à faire : la belle.

La lumière de la cabine s'éteignit. À entendre les protestations fusant des parloirs voisins, nous comprîmes qu'il s'agissait d'une panne générale. Le dispositif d'écoute des cabines se trouvait momentanément neutralisé. Michel saisit l'occasion ; il s'approcha de la vitre et, en chuchotant, me conta sa deuxième activité : il avait organisé son évasion avec l'aide de deux copains.

– Ils se sont cachés dans le petit bois avec des motos et des cordes. Le plus difficile, ça a été d'amener le matériel sans faire de bruit. Après, pour eux, c'était comme dans du beurre. Ils devaient seulement faire attention à ne pas être repérés par la camionnette de gendarmerie qui longeait les murs de la prison par le chemin de ronde extérieur.

Michel s'approcha plus près encore de la vitre. Il parlait bas pour ne pas être entendu des matons. Nos visages étaient presque collés l'un à l'autre.

– Pendant ce temps-là, j'attendais. J'avais repéré le mouvement des projecteurs. Dans la journée, j'avais scié un barreau de la fenêtre et je l'avais rebloqué avec des petits supports collés. On ne voyait rien. J'étais sur mon lit et je guettais le pas des gardiens. Je faisais semblant de dormir. Je pensais à toi. Je me disais que tu me comprendrais. Même s'il m'arrivait malheur... Ici, ce sont des chiens. Un jour, quatre détenus ont réussi à se tirer... Les flics les ont rattrapés en hélicoptère dans le bois d'à côté. Ils les ont canardés au fusil. Comme des loups. Sur quatre, trois ont été descendus sur place... Mais je ne pensais pas à cela. Je ne voyais que de belles images. J'imaginais qu'après, tu me rejoindrais avec les filles. J'aurais déposé les armes, on aurait eu une vie de paix... Bon. Je faisais mon petit rêve quand le gardien a regardé dans l'œilleton. Il a allumé la lumière puis il l'a éteinte et il a continué sa ronde dans le couloir. Je suis resté sur le lit, au cas où il y aurait eu une contre-ronde. Puis je me suis levé. J'étais habillé. J'avais préparé un mannequin avec une veste et un pantalon de pyjama bourrés de vêtements. La tête, c'était une perruque montée sur une boule de tissu... J'ai mis ça dans le lit puis j'ai accroché un petit sac contenant ce dont j'avais besoin à ma ceinture. C'était du matériel. Les autres me l'ont fait parvenir par des filières...

Il fit un petit signe de la main d'un geste entendu. Je compris l'intention. Pas le détail.

– J'ai enlevé le barreau et j'ai surveillé le poste de garde, en face. Je voyais la silhouette du surveillant. J'en étais à l'étape la plus difficile. Il fallait que je monte sur le toit sans être vu depuis les miradors. Pour escalader, je devais attendre la relève parce qu'à ce moment-là le gardien me tournerait le dos pour quitter sa guérite. C'était le seul moment où je pouvais tenter de sortir sans être vu... J'ai attendu. Quand le gardien s'est levé, je me suis glissé à l'extérieur, j'ai remis le barreau en place et j'ai commencé l'escalade du mur. J'avais tellement bien répété mentalement que je suis arrivé sans problème jusqu'au rebord du toit. J'ai fait un rétablissement puis une roulade. Et alors, Nad, je me suis complètement détendu. Là où j'étais, on ne pouvait plus me repérer. Je me suis allongé face aux étoiles et je les ai regardées comme un fou. Je les voyais toutes, sans barreaux entre nous !... Après, je me suis mis au travail. Il y avait un vent d'enfer. J'ai rampé vers l'extrémité la plus proche du mur d'enceinte. J'étais tellement à l'écoute des bruits, ma perception des choses était si aiguë que j'avais l'impression que mon corps était une véritable machine de combat. Au bout, j'ai vu le petit bois. J'ai sorti un talkie-walkie de mon sac et j'ai appelé les autres. Ils avaient chronométré les tours de ronde de l'Estafette et m'ont dit qu'une demi-heure plus tard, ce serait bon. J'ai pris une pelote de ficelle dans mon sac, je l'ai lestée d'un cadenas et j'ai commencé de la dérouler. Le principe, c'est que je devais balancer le cadenas vers le bois, de telle sorte que la ficelle suive sans faire dévier le cadenas de sa trajectoire. De l'autre côté, mes potes devaient accrocher une corde solide au cadenas. Je l'aurais ramenée à moi en tirant sur l'extrémité de la ficelle, je l'aurais fixée au toit et je me serais accroché à un système à roulettes qui m'aurait permis de dévaler jusqu'au bois en passant exactement entre les deux miradors de garde. Seulement il y avait du vent, et le vent faisait danser ma ficelle. Elle s'emmêlait. Pendant un quart d'heure, j'ai tenté de défaire les nœuds. Quand on m'a rappelé du bas pour me dire que la ronde était passée, j'ai envoyé le cadenas par-dessus le mur d'enceinte. Il y a eu un bruit. Je me suis aplati sur le toit et j'ai attendu. Rien ne bougeait dans le mirador. Mais les copains m'ont prévenu par la radio que ça n'allait pas : le cadenas était bien passé de l'autre côté, mais il était trop haut. Au moins à six mètres du sol. Tout ça à cause des nœuds qui avaient raccourci la ficelle... Bref, je l'ai ramenée. J'entendais le cadenas battre contre les murs, et j'avais peur que les gardiens ne l'entendent. Mais de ce côté-là, il n'y a pas eu de problème. L'os est venu des barbelés qui surmontaient le mur. La ficelle s'est prise dedans. J'ai essayé de dégager le cadenas. J'ai fait très doucement. À un moment, tout est devenu plus léger. J'ai compris que mes espérances étaient restées en bas. C'était foutu. J'ai dit aux gars de repartir sans laisser de traces et qu'on réessayerait un autre jour... J'ai pensé qu'Éole était le Dieu de la poisse mais que je ne pouvais faire autrement que de passer par lui. Je suis resté allongé sur le toit jusqu'à l'aube. Puis, je suis redescendu. À la ronde du matin, les matons ont découvert le barreau scié.

Pendant longtemps, je n'ai pas voulu croire que Michel ne s'en tirerait que seul, hors des lois. J'ai espéré : les grâces, les réformes, le miracle... Chaque fois qu'on parlait de modifier les lois ou les règlements, je dressais l'oreille. Régulièrement, je demandais à nos avocats si, réellement, il n'y avait pas de solution. Je me suis inventé des espoirs qui ne reposaient sur rien mais qui, un jour peut-être, se concrétiseraient...

Chaque semaine, qu'il pleuve, qu'il neige ou qu'il vente, je me suis rendue au parloir pour témoigner ma présence et tenter d'insuffler un peu de force à mon mari. Je courais, afin d'arriver à l'heure pour l'inscription. J'arrivais essoufflée. Il fallait alors attendre des heures durant dans un bâtiment à l'extérieur de la prison, reniflant des odeurs d'urine, de tabac, d'humidité... Je patientais au milieu d'une assistance nombreuse qui, tout comme moi, attendait de voir leur parent enfermé. Les enfants, impatients, rivalisaient en turbulence, s'agitaient, criaient, grimpaient, redescendaient... Ils recevaient des gifles ou des réprimandes, et les mères, bien mises pour la circonstance, ne savaient plus comment faire pour obtenir le calme. On restait là, transis, attendant l'annonce des hauts parleurs : « Deuxième division, troisième tour... » Quand le moment était venu, on rejoignait le flot des visiteurs se pressant déjà à la porte de la prison, devant le gardien qui faisait l'appel des familles. On franchissait le portique détecteur de métaux, on sortait les objets suspects – clés, briquets – puis, le filtre traversé, on s'engouffrait dans l'escalier au sommet duquel on échangeait ses papiers d'identité contre le permis de visite. Immanquablement l'assistance se bousculait, chacun voulant arriver en tête aux guichets intérieurs où une ribambelle de gardiens vérifiaient les noms, les permis et les numéros de parloir.

Nous devions ensuite traverser un long couloir qui débouchait sur une rotonde hexagonale, qui faisait songer à une église contemporaine : bancs lourds en chêne scellés sur un sol carrelé et glacial. Les talons claquaient, les voix montaient jusqu'à la nef, percée d'orifices par où le ciel apparaissait.

Quand nous étions là, le temps ne pressait plus : il suffisait d'attendre. Les enfants se calmaient, les parents échangeaient quelques propos à voix basse, on réparait les dégâts vestimentaires aux lavabos. Venait ensuite l'avant-dernière étape : l'antichambre des parloirs, où l'on s'engageait à l'appel d'un surveillant. Lorsque la dernière porte s'ouvrait enfin sur les cabines, chacun se précipitait, puis ce n'était que brouhaha, les uns et les autres devant crier pour se faire entendre de l'autre côté de l'hygiaphone. Une demi-heure plus tard, les surveillants se chargeaient d'interrompre l'échange :

– Votre temps est écoulé, au revoir...

Chaque fois, Michel me parlait d'évasion. Il me demandait de rencontrer des amis que je ne connaissais pas, de leur transmettre des messages. Et moi, j'obéissais. Son désespoir m'avait gagnée. Je ne voyais pas comment le sortir de là, sauf à recourir à des voies parallèles. C'était cela ou trente-six ans de prison. Pourtant, mon sentiment à l'égard de ses demandes restait ambivalent. La belle, pour moi, apparaissait tantôt comme une histoire de science-fiction, tantôt comme une possibilité heureuse. J'oscillais sans cesse entre ces deux appréciations : Michel et son habileté, sa confiance, enflammait mes espoirs ; le contact avec le monde extérieur me faisait immanquablement l'effet d'une douche froide : chaque fois, j'avais l'impression de me retremper dans l'eau morte de l'indifférence.

Jacky, le premier des compères de Michel, était un voyou « nouvelle vague », individualiste et désinvolte. Son rire lui mangeait le visage. Il avait une physionomie joyeuse : les cheveux clairs et bouclés, des yeux larges d'un bleu soutenu, le nez court et légèrement busqué, des dents qui se chevauchaient. Il n'était pas beaucoup plus grand que moi, marchait rapidement, portait d'invraisemblables baskets colorées, un blouson de toile généralement assorti aux chaussures, des jeans serrés et bien frais.

Jacky était en cavale. Très précautionneux quant à sa sécurité, il se refusait à communiquer une adresse ou un numéro de téléphone. Je devais donc attendre qu'il m'appelle – et me résigner à la patience quand il gardait le silence pendant plusieurs semaines.

Sitôt que Jacky m'avait fixé rendez-vous, je cueillais les petites à la sortie de l'école et les embarquais pour la porte d'Orléans. Comme je ne connaissais pas encore la ville, ces courts voyages me semblaient des expéditions.

Nous pénétrions dans un café – toujours le même. Je m'asseyais à une table vide, commandais un crème bien blanc et m'enfonçais dans l'attente. Les petites réclamaient limonade sur limonade, se munissaient de pièces de un franc pour jouer au flipper et, tandis qu'elles se démenaient sur la machine, je guettais sans relâche les mouvements de la porte d'entrée. Lorsque mes yeux piquaient à force d'attention et que les gamines me talonnaient pour que je change un billet, je levais le camp et rentrais dans ma banlieue, épuisée. Ces retours vides dans la nuit étaient si déprimants qu'ils ajoutaient encore au poids de ma solitude.

Parfois cependant, Jacky se trouvait au rendez-vous. J'accomplissais alors mon rôle de messagère, établissant le contact entre Michel et l'extérieur.

À chacune de mes visites, mon mari me pressait de messages urgents, insistait pour que j'obtienne des coordonnées, m'inondait de recommandations et finissait par me décrire grossièrement une opération dont la réalisation devait être imminente. À force d'utiliser toutes les stratégies du langage, nous parvenions à nous comprendre sans presque nous parler. Je débitais des phrases anodines pendant qu'il gesticulait, mimant des histoires sans paroles qui, bien sûr, avaient trait à son projet. Ou encore, s'aidant de son doigt, il traçait des lettres sur la vitre. Parfois, nous conversions à propos de travaux à effectuer dans la maison, mettant en scène divers corps de métier (couvreur, plombier, et, au besoin, garagiste), ce qui nous permettait de parler de toits, de tuyaux, de cordes, d'échelles et de voitures. Nos discussions paraissaient probablement incohérentes mais, du moins, elles étaient indécodables.

Souvent, nos exercices nous amusaient nous-mêmes, au point que nous éclations de rire en nous regardant. Lorsque arrivaient les derniers instants de la visite, nous plaisantions, parlions des enfants et évoquions les petites nouvelles de la semaine. Nous nous détendions ainsi. Au retour, mon fardeau d'amour me paraissait moins lourd qu'à l'aller, et le malvivre m'avait quittée. Temporairement.

Jacky n'était pas animé par le seul courage. Au bout d'un certain nombre d'entretiens, je finis par comprendre qu'il était lié à Michel par des liens d'amitié et, surtout, de complicité.

Naguère, les deux hommes avaient été associés. C'était ce ressort-là qui animait Jacky, et aucun autre. Ce ressort lui-même me paraissait parfois se détendre, au point de ne plus pouvoir offrir la fiabilité nécessaire. Jacky donnait son point de vue mais n'agissait pas. Les projets semblaient lui glisser entre les mains, et certains détails lui passer au-dessus de la tête.

Lorsque je lui en faisais la remarque, il renversait la tête et riait. Il m'apparaissait alors comme un enfant impertinent et instable. En somme sympathique. Cependant, je ne pouvais lui faire confiance. D'après ce que je comprenais de ses confidences, il « travaillait » beaucoup. Trop, sans doute. Et par là même, prenait des risques graves.

Lorsque je le quittais après lui avoir transmis les recommandations de Michel, surgissaient dans mon esprit des angoisses liées à l'évasion elle-même.

Et je finissais par comprendre que nulle autre personne ne serait plus motivée que moi pour l'aider.

Ce qui, pour l'heure, me paraissait insensé.

VOYOUS, TRUANDS ET HOMMES DE MAIN

Au cours du mois de décembre, Michel fut transféré à la Santé. Cette prison se niche dans le XIVe arrondissement de Paris, entre les boulevards Saint-Jacques et Arago. Son enceinte est haute de huit à dix mètres. Sur un de ses côtés, des marronniers dissimulent la crasse des pierres meulières, noircies par la pollution parisienne et, dirait-on, par la détresse de ceux qui pourrissent derrière. À chacun des angles veille un policier armé d'une mitraillette et équipé d'un gilet pare-balles. Il est en liaison radio avec le poste de police affecté à la protection extérieure de la prison. Les rondes mobiles sillonnent les parages immédiats. De longs cars bleus administratifs, aux vitres latérales grillagées et peintes en blanc, ne cessent d'aller et venir entre le Palais de justice et la prison, au milieu des concerts de sirènes des escortes de police. Quatre jours par semaine, une file d'attente se forme sur le trottoir, à droite de la porte d'entrée, et s'étire sur une vingtaine de mètres : les visiteurs.

Je patientais, comme tout le monde, puis je pénétrais à l'intérieur et suivais l'étranglement du couloir. De temps à autre, on nous renvoyait dans la salle d'attente du fond. C'était une grande pièce d'une hauteur impressionnante, peinte en jaune ocre avec des bordures inférieures plus foncées. De longues fissures traversaient le plafond.

Les gens s'entassaient là, sur les bancs, tandis que les gosses s'amusaient par terre. Les hommes, souvent des jeunes gens, se montraient plus discrets que les femmes. Certaines d'entre elles se paraient pour l'occasion de tenues voyantes, parfois outrées, et s'esclaffaient très haut. Quand je trouvais une place, je m'asseyais. Sinon, je restais figée dans un coin, mal à l'aise. Je ne pouvais parler, sourire ou rêvasser pour tuer le temps. Ce lieu m'oppressait. Plus qu'ailleurs, j'y souffrais de mon incapacité à vivre.

La Santé se partage entre les quartiers hauts, qui regroupent le plus grand nombre de détenus, et les quartiers bas, moins peuplés. C'est là que se trouvait Michel. Pour le rejoindre, je devais traverser la cour d'honneur (!), franchir les trois marches du perron qui mène à la détention, passer par le sas et son détecteur, atteindre une rotonde étroite et massive avec un plafond en coupole. Je tournais à gauche et me glissais dans une ouverture de style roman, creusée dans un mur étonnamment épais. Lorsqu'on l'avait passée, la fraîcheur du lieu saisissait. On descendait trois marches qui nous amenaient plus bas que le niveau de la terre. Comme dans un château féodal.

Par sa couleur, sa forme et son état, la pièce des visites ressemblait à la salle d'attente. Un mur nous séparait de la cour de promenade des première et troisième divisions. Les cris des détenus nous parvenaient par les fenêtres à bascule, perchées en haut du mur. Lorsqu'on s'asseyait sur le banc, faisant ainsi face à l'issue par laquelle on venait d'entrer, on avait à sa droite le couloir étroit collé aux cabines des parloirs ordinaires (une dizaine environ), et, à gauche, donnant directement dans la pièce, trois autres cabines spéciales, réservées aux punis et aux isolés. C'est là que je voyais Michel : par une trouée de trente centimètres carrés percée dans un verre de double épaisseur, gras, rayé et jauni par la fumée et la crasse.

Chacune de mes visites le sortait de ses sortilèges, repoussait les murs qui s'infiltraient en lui. Cependant, plus le temps passait et moins je parvenais à le tirer hors du gouffre : il avait l'impression d'être enseveli vivant.

Il me disait qu'on l'avait placé à l'isolement, non pour répondre à une sanction, mais par mesure de sécurité. Que grâce à cette mesure, l'administration pénitentiaire pouvait enterrer un prisonnier durant des semaines, des mois, des années, par simple reconduction. Et que ses conditions de survie, pires encore que celles du mitard (limité à quarante-cinq jours), le conduisaient doucement vers la folie.

Dans les quartiers d'isolement, il commença à souffrir atrocement d'une douleur née dans la nuque qui se propageait dans le cerveau. Dans les moments de crise, il était incapable de bouger ou de trouver le repos. Il avait la sensation d'avoir le cerveau tenaillé. Afin d'échapper à la torture mentale, il en venait à se mutiler volontairement, s'ouvrant la chair d'une fine incision qui, l'espace de quelques instants, le libérait par le sang.

Il n'était plus possible de le laisser là-dedans. Il fallait que nous nous retrouvions, que nous partions, que nous nous évadions ensemble. Implacables, les administrations judiciaire et pénitentiaire allaient le détruire lentement, par le désespoir ou la folie. Nous devions trouver une solution. Celle-ci ne passerait que par nous-mêmes puisque, aussi bien, personne ne me proposait de remède à nos souffrances.

Comment s'évader ? Michel pressentait que pour prévenir toute tentative, on le transférerait régulièrement d'une prison à l'autre. Il fallait donc découvrir un moyen qui fût utilisable ici en même temps qu'ailleurs. Donc, par la voie des airs. Ainsi naquit l'idée de l'hélicoptère.

Je soumis l'idée à Jacky. Elle lui paraissait possible à condition qu'il fût aidé. Je proposai mes services, mais il les déclina. Michel en fit autant. Il dénicha un deuxième partenaire, Raymond, qui devait sortir en permission et qui n'avait pas l'intention de réintégrer sa cellule. Il s'engageait à se mobiliser sur cette affaire, à condition qu'on lui garantisse les moyens de sa cavale. Il demandait une planque, des papiers et de l'argent.

À l'issue de sa permission, j'allai chercher Raymond chez lui. C'était un grand gars qui roulait des hanches et des épaules. Il avait une dentition d'une blancheur impeccable et aimait à la montrer, arborant alors un sourire niais qui se voulait enjôleur. Il parlait à la manière corse, soignant un discours de truand à l'ancienne.

Lorsque j'arrivai, sa femme pleurait dans la vaisselle du repas qu'elle lui avait amoureusement préparé pour le dernier jour. Il la tenait par les épaules et lui expliquait que c'était mieux ainsi. Il la consolait, ni trop ni trop peu, digne et sans émotion.

Elle lui répondait qu'elle préférait encore le parloir aux visites qu'il lui rendrait à la sauvette.

– Au moins, quand tu es en prison, je n'ai pas peur, répétait-elle. Maintenant, je ne vais pas arrêter de trembler... Et il ne te reste que six mois à faire !

La scène des adieux fut déchirante. Mais Raymond avait pris sa décision, et rien ni personne n'aurait pu le faire revenir en arrière. Sitôt franchi le pas de sa porte, il perdit sa mine de circonstance et devint beaucoup plus gai.

Je lui sous-louai un appartement ; Jacky s'occupa du reste. Lors de leur première rencontre, les manières du vieux truand amusèrent le plus jeune, tandis que ses exigences financières le faisaient rechigner. Par la suite, les deux hommes devinrent les meilleurs amis du monde.

Raymond devait m'apporter une aide essentielle dans notre affaire : comme je lui parlais de l'idée envisagée par Michel de s'enfuir par la voie des airs et de se poser non pas en province mais à Paris même (où nous pourrions nous fondre dans la cohue), il suggéra d'atterrir dans le XIVe arrondissement, à la Cité universitaire. Selon lui, ce lieu pouvait constituer un terrain idoine. Sa contribution à l'évasion s'arrêta là. Jacky ne tarda pas à l'enrôler dans ses propres activités, sans conteste d'un meilleur profit. Que pouvais-je dire ? Je laissai faire, attendant le retour du seul homme proche de moi, que je savais suffisamment énergique pour s'occuper de la coordination : mon frère Gilles.

Pour consolider l'équipe, et à la demande de mon mari, je contactai Jeannot, un autre ami de Michel. C'était un homme sympathique, jovial, très décontracté, de ceux dont on sent cependant qu'ils ne laissent rien au hasard.

Les deux hommes s'étaient liés d'amitié quelques années auparavant. Ils éprouvaient une grande considération l'un pour l'autre car, bien que ne travaillant pas dans la même partie, ils étaient tous deux des décideurs.

J'amusais Jeannot par ma détermination. Il me faisait une confiance totale et m'accueillait toujours avec chaleur. Il suffisait de passer par lui pour trouver ce qu'on cherchait : armes, faux papiers, voitures ou motos maquillées.

Je lui envoyai un nouvel apôtre : Jacky.

C'était le moyen qu'avait trouvé Michel pour ramener son copain à de meilleurs sentiments. Il savait que ce dernier rêvait d'obtenir une carte d'accès au milieu, privilège qui n'était pas donné à tout le monde. En mettant les deux hommes en communication directe, je commis une grosse erreur psychologique : devenu autonome, Jacky n'en fut que plus distant.

Pour le joindre, je dus désormais passer par Jeannot. Il me suffisait de l'appeler à des numéros qui changeaient chaque fois et qui, bien souvent, correspondaient à des cabines téléphoniques ou à des cafés parisiens, où je lui laissais un message.

Il me contactait généralement dans les heures qui suivaient, et je lui demandais d'organiser une rencontre avec Jacky.

Jeannot faisait de son mieux, mais Jacky ne lui ayant laissé aucune coordonnée, nous devions compter sur la chance pour le croiser à différents endroits où il devait passer. Certains soirs, j'errais des heures durant dans des banlieues inconnues avant de trouver la maison que je cherchais.

J'étais comme un fantôme cherchant d'autres fantômes. Les hommes me recevaient à leur table : ils me faisaient confiance parce que je ne ressemblais pas aux femmes de voyou. À force, je ne voyais même plus les bijoux et les calibres qui passaient de main en main, pas plus que je n'entendais le son du scanner qui, en sourdine, diffusait les appels de police. Je guettais la porte, attendant Jacky-Fantômas, songeant avec désespoir que je n'étais pas plus à ma place dans le monde des gens bien que dans celui des malfrats. Lorsque je rentrais chez moi, je me méprisais d'être restée si longtemps loin de ma famille et de mes enfants, les seuls êtres qui comptaient pour moi.

Jacky me fuyait car il craignait que je n'amène la police sur mes talons. Ce qu'il n'exprimait pas, mais que je comprenais fort bien, c'était qu'il ne tenait plus guère à aider Michel. Il finit par rompre le contact en me coupant du dernier intermédiaire possible : Raymond. Il le logea dans un nouvel appartement dont, bien évidemment, je ne connus jamais l'adresse. Cette double défection me laissa écœurée mais, au fond, plutôt soulagée : nous savions désormais sur qui compter – ou plutôt, sur qui ne pas compter. Michel, de son côté, accusa le coup plus sérieusement.

J'allai dans le studio que j'avais sous-loué pour Raymond afin d'y mettre un peu d'ordre avant de le rendre à son premier occupant. Je découvris des revues qui prouvaient que le garçon en cavale s'était tout de même intéressé à notre sort : il s'agissait de publications spécialisées dans l'aviation. Je posai mon balai paresseux et m'assis pour feuilleter les magazines. On y voyait des photos d'appareils, des mesures, des indications de performances. Je n'y comprenais rien. Quand un encart jaune, en bas de page, attira mon attention : « Devenez pilote d'hélicoptère. »

« Devenez pilote d'hélicoptère » : je lus et relus tout haut l'annonce, articulant comme pour un exercice de diction. Une idée folle m'envahit : pourquoi ne m'occuperais-je pas moi-même de faire évader Michel ? Pourquoi n'apprendrais-je pas à piloter ?

L'idée me séduisit autant qu'elle me surprit : comment ferais-je pour diriger un objet volant, avion ou hélicoptère, moi qui ne savais même pas changer une roue de voiture ? Moi qui avais le vertige dans les manèges et les ascenseurs ! L'idée était complètement absurde...

Cependant, elle fit son chemin en moi. Je réalisai que d'un seul coup d'aile, je pouvais débloquer une situation monstrueuse sans avoir recours au milieu et à la violence. Que si je m'impliquais personnellement dans l'affaire, je travaillerais à mon rythme, sans devoir m'occuper de contacter des hommes de main aimables autant que peu dévoués.

Je quittai l'appartement en proie à une excitation nouvelle. La petite flamme qui veillait en moi avait soudainement grandi. Pour la première fois depuis de nombreux mois, il me sembla que je n'étais pas loin de la vérité.

L'HÉLICOPTÈRE

L'héliport était situé près de Pontoise. Je m'y rendis le soir même, en pleine nuit. Le hangar et les bureaux s'élevaient en contrebas, non loin d'une butte de terre derrière laquelle se nichait le terrain d'atterrissage. Le lieu était minuscule et sans prétention. Le faisceau d'une lampe apparaissait derrière les pans d'un rideau à bandes plastiques. J'avançai lentement et me coulai auprès de la fenêtre. J'aperçus deux hommes portant des blousons de pilote, en cuir ; le plus jeune riait, appuyé d'une fesse sur le plateau d'une table ; une jeune femme lui faisait face, tournant le dos à un homme élégant assis dans un fauteuil directorial, qui semblait être le sien. Les quatre personnes paraissaient si décontractées que je mesurai immédiatement la frontière qui nous séparait. Je les observai avec curiosité. Sur les murs étaient affichés de grandes photos aériennes ainsi qu'un large tableau blanc noirci par diverses indications : sans doute les réservations de vols.

Le jeune homme se redressa et s'approcha du tableau. J'eus un mouvement de recul. Je me dissimulai dans la pénombre. Puis je rejoignis lentement la voiture. J'attendis un instant avant de démarrer, après quoi je m'éloignai le plus silencieusement possible, craignant qu'on ne me surprenne à proximité. « Ça commence bien », pensai-je.

Le lendemain, je téléphonai à l'héliport afin de prendre rendez-vous. Deux jours plus tard, j'étais reçue par l'un des pilotes. C'était un homme d'une quarantaine d'années, à la stature imposante. Il parlait comme un professionnel et avait un sourire rassurant qui dénotait l'expérience et l'habitude du métier. Je posai quelques questions auxquelles il répondit aimablement. Au ton qu'il employait, je compris cependant qu'il ne me prenait pas au sérieux. Il m'apprit que pour piloter un hélicoptère, je devais fournir quatre photos d'identité et une fiche d'état civil, passer un examen médical, voler pendant quarante heures au minimum et subir un examen théorique. Il me conseilla enfin de lire quelques ouvrages consacrés au pilotage et de revenir le voir, si d'aventure j'avais vraiment envie, d'apprendre à piloter.

Le soir même, j'achetai les livres dont il m'avait dressé la liste. Je les parcourus dans la nuit. Le lendemain, je m'occupai des papiers nécessaires à l'inscription. Deux jours plus tard, j'étais de retour à l'héliport.

Je me présentai sous ma propre identité, mais je pris soin de me composer un personnage en tout point opposé à celui que j'étais dans la réalité.

Au jeune pilote qui me reçut ce jour-là (son aîné étant absent), j'offris le visage d'une fille à papa, distinguée, indépendante, n'ayant pas de soucis d'argent, antiquaire à ses heures.

– Il ne faut surtout pas appeler chez moi, dis-je, car mes parents seraient effrayés de savoir que je conduis des engins pareils.

Le jeune homme eut un petit sourire et me demanda si j'avais déjà piloté.

– Non, répondis-je sans me démonter.

– Jamais ?

– Jamais.

– Même pas un avion ?

– Rien. Je commence. Pourquoi... Il y a un problème ?

– Non, mais vous m'étonnez... D'abord, parce que ceux qui commencent avec nous ont généralement un brevet d'aviation. Et puis, parce que les femmes qui veulent monter en hélicoptère sont très peu nombreuses.

– Je n'avais pas les moyens de m'offrir ça avant, dis-je avec aplomb... On peut visiter les locaux ?

Mon guide marqua une imperceptible hésitation, puis il me mena à travers les bureaux que j'avais observés depuis la fenêtre. De là, nous passâmes au hangar, où deux mécaniciens travaillaient, puis sur le terrain d'atterrissage et de roulage. Au sommet de la butte de terre, le pilote me désigna un « H » peint en blanc sur le sol. Puis il me montra deux appareils.

– Alouette II et Bell 47... Venez, que je vous présente.

Il s'approcha du plus léger, le Bell, dont la pale arrière était maintenue par une éclisse. Je n'avais jamais vu d'hélicoptère de si près. Nous en fîmes le tour. Le jeune homme me décrivit les parties essentielles : bulle, moteur, mât, rotor, poutre de queue, câbles... Puis il m'invita à monter dans l'habitacle. Je butai sur le manche, dressé verticalement à l'avant du siège, et me cognai contre l'armature de la porte. Le pilote sourit. Il attendit que j'eusse repris mes esprits pour poursuivre sa visite guidée. Enfin, il me proposa de m'emmener en promenade.

– C'est un temps idéal pour un baptême de l'air ! dit-il en montrant le ciel.

D'un coup, je perdis ma belle assurance.

– C'est que... je n'avais pas prévu... Je vais être retardée...

– On en a pour dix minutes, pas plus !

– Je n'ai pas pris d'argent !

– Vous paierez la prochaine fois !

Il me planta là. Je l'entendis qui libérait la pale de son entrave. Il repassa devant l'appareil, disparut dans le hangar et revint avec un broc rempli d'huile qu'il versa dans le moteur. Puis il ouvrit la portière, enclencha la batterie et vérifia le niveau du carburant.

– Attachez votre ceinture, s'il vous plaît.

Les sangles pendaient de part et d'autre du siège. Je les repêchai, verrouillai maladroitement la boucle et ajustai d'un geste brusque la ceinture à ma taille. Le pilote me tendit le casque radio.

– Un, deux... Vous m'entendez ?

J'acquiesçai d'un hochement de tête.

– On y va !

Il donna un brusque coup de talon. Aussitôt, le moteur vibra dans mon dos et un vacarme épouvantable emplit la cabine. Une pale en rotation passa à hauteur de mes yeux, puis, deux, puis dix. Le bruit du moteur enfla. Je compris que le pilote augmentait la puissance. Le manche serré entre les genoux, il tenait fermement de la main gauche l'autre commande, le pas général, cependant qu'il contrôlait les cadrans et actionnait des manettes. Ses pieds sur les palonniers, sa main droite épousant la poignée du manche, il tira le pas. Le sol vacilla. Le hangar bascula légèrement, il y eut un coup à gauche, un coup à droite. J'avais l'impression d'être portée par une grosse bulle d'air comprimé qui gonflait, s'écrasait, roulait, glissait sous les patins. En même temps, la portance semblait venir du haut, comme si nous étions au bout d'un pendule. Mon ventre se contracta. Le pilote m'engagea à suivre les mouvements des doubles commandes et de mes palonniers afin de comprendre les manœuvres de pilotage. Il amorça un déplacement latéral. Le hangar s'enfuit sur la gauche. Au sol, les aspérités du goudron se muèrent en ardoise. L'appareil vira à quatre-vingt-dix degrés sur la droite. Les bâtiments disparurent. Quand nous eûmes passé le sommet de la butte, les champs s'étendirent devant nous à perte de vue. L'appareil piqua du nez. Je crus que nous allions plonger. Et ce fut un plongeon, en effet, mais à l'envers, long, lent, vers le haut et la terre brune. Les champs d'herbe et les bosquets se fondirent dans l'horizon. Lorsque l'appareil se stabilisa en palier, je me penchai. Sous moi, devant, tout autour, la ville apparut comme sur une carte postale. La terre était d'un côté, le ciel de l'autre, la ligne d'horizon bleutée, au milieu. Mon ventre était crispé, mes joues me brûlaient, mes yeux me parurent s'agrandir. Le ciel était partout. Je ressentais un profond bien-être. Je me tournai vers le pilote, qui reconnut dans mon expression la fascination de l'espace aérien. Il sourit et je ris.

Tout à coup, il me sembla que mon cœur, mon estomac et mes boyaux se décrochaient, qu'ils étaient expulsés dans les airs. J'eus l'impression que je me pulvérisais, dix mètres plus bas. Je lâchai les commandes et criai. Le pilote riait sans retenue.

– Démonstration de panne, fit-il. Allez, on descend !

Lorsque je touchai la terre ferme, mes jambes me parurent incapables de me porter. Je ne voyais plus rien alentour. Je goûtais une étrange transformation due à cet élément jusqu'alors inconnu, l'air, que je venais de pénétrer.

Je ne retins pas une parole de l'entretien qui suivit. Je ne pensais qu'à la tête que ferait Michel lorsque je lui dirais que j'étais montée dans un hélicoptère, que j'avais voyagé dans une bulle de savon et que j'avais trouvé cela d'autant plus féerique que j'avais l'intention d'apprendre à piloter et de venir le chercher !...

Dans la salle d'attente de la prison, mon cœur pétillait d'oxygène. Je ne prêtais même plus attention à la masse des visiteurs qui m'entouraient. Un secret me picorait à l'intérieur, me tirant en avant, cour d'honneur, portique, rotonde, salle pré-parloirs... Lorsque la porte de la cabine se fut refermée dans mon dos et que Michel m'apparut de l'autre côté de la vitre, je ne pus m'empêcher de lui adresser un immense sourire. Puis, comme il me regardait sans comprendre, je m'assurai que le gardien s'était éloigné, me levai et extirpai un morceau de papier de la poche plaquée de mon jean. Je collai l'annonce contre la glace : « Devenez pilote d'hélicoptère. »

Michel resta cinq secondes sans réagir. Je me frappai la poitrine en murmurant :

– Moi !

J'insistai. Puis, comme il ne réagissait toujours pas, je fis un mouvement de moulinet au-dessus de mes épaules, mimant les pales de l'appareil. Michel éclata de rire. Il secoua la tête, laissant entendre que j'avais perdu la mienne. Je croisai les bras, attendant qu'il eût recouvré son sérieux. Et alors, le fixant droit dans les yeux, je répétai mes gestes jusqu'à ce que, soudain intéressé, il s'approchât de la vitre.

– Oui, fis-je avec mes lèvres. Moi.

Et je répétai, riant et bouillant d'excitation :

– Moi, moi, moi !

Mon projet prit rapidement une dimension telle qu'il emplit mes nuits et mes jours. Les épreuves liées au présent m'apparurent comme une étape provisoire. Tout n'était plus qu'une question de temps : au terme de ma formation de pilote, la vie reprendrait ses droits. Mon mari, mes enfants et moi serions de nouveau réunis, et pour toujours.

Je retrouvai la foi et l'énergie. La Santé devint la forteresse à prendre. Colossale et souveraine, mais pas inviolable. Désormais, j'approchais de l'enceinte avec une curiosité aiguisée. Lorsque je me tenais près des murs, mon cœur palpitait. Comme signe de reconnaissance, je caressais la pierre au passage.

Michel lui-même, réticent au début, avait fini par céder à mon enthousiasme et se rendre à mes arguments. Il lui avait fallu le temps d'accepter les faiblesses de ses amis – et la cruelle désillusion qui s'ensuivit – et de se faire à l'idée qu'une femme, fût-ce la sienne, saurait montrer autant de sang-froid qu'un homme pour monter une opération d'une telle envergure.

L'hélicoptère était évidemment l'engin idéal : il permettait de franchir les murs et constituait le meilleur des pare-balles : personne ne s'aviserait de tirer sur un pilote vraisemblablement otage, ni de toucher un appareil susceptible de se transformer en bombe volante et de s'écraser sur des prisonniers ou sur des promeneurs malencontreusement présents (du moins, comptions-nous là-dessus !).

Il fut décidé que je me chargerais de la partie héliportée de l'opération. Jacky m'avancerait la somme nécessaire – trente-cinq mille francs. Michel apporterait un maximum de plans et de renseignements concernant la prison ; l'organisation, la coordination et le matériel seraient confiés à la seule personne en qui nous avions tous deux une confiance absolue : mon frère Gilles. Lui comme les autres resteraient dans l'ombre, à l'abri des représailles ; j'étais seule à monter en première ligne.

Mon frère fut libéré en février 1983. Lorsqu'il débarqua avec sa femme et ses deux garçons dans notre petite maison de banlieue, ce fut un hourvari de tous les diables. « Tonton qui fait le con », comme il signait sur les cartes qu'il envoyait à Myriam, aimait les enfants, qui le lui rendaient bien. Entre eux, ce n'était que batailles de polochons, courses de brouettes, concours de galipettes et de sauts périlleux...

Pour Gilles, aider à la libération de Michel était comme un devoir.

« C'est sa seule chance, me dit-il. La liberté, il ne l'aura plus qu'en la forçant. C'est un homme condamné à errer... »

À ses yeux, notre histoire d'amour restait une passion à l'eau de rose, d'un romantisme déplacé. Cela dit, à partir du moment où mon bonheur passait par Michel, il ne se permettait pas de juger. Pour lui, tout ce qui rendait sa sœur heureuse ne prêtait à aucune discussion. Nous étions liés par une profonde affection née quelque trente ans auparavant. C'était ainsi. Pour cette raison, l'évasion de mon mari ne pouvait se concevoir autrement que comme une affaire de famille.

J'avais des projets pour mon frère. Je lui avais offert ma vieille Estafette, comptant qu'elle l'aiderait à se reclasser. Nous avions parlé de travailler ensemble – la ferronnerie d'art ne l'avait-elle pas un temps séduit ?... Bref, les objectifs ne manquaient pas. Mais le premier d'entre eux, c'était la libération de Michel. Gilles voyait les choses ainsi. Je partageais évidemment son point de vue. Et ce fut dans cette optique que je le présentai à Jacky et à Jeannot.

Mon frère, dans cette assemblée de truands, se distingua par sa discrétion et sa présence particulière. Ni lui ni moi ne pûmes supposer qu'avec ce premier contact nous avions mis le doigt dans un engrenage qui devait s'avérer fatal. Dès lors, nous fûmes aspirés par des vents légers, et les vents légers devinrent souffles, bise, cyclone, tourbillon infernal et dramatique qui nous emportèrent comme des fétus jusqu'aux ultimes marches de l'enfer.

L'AMOUR DONNE DES AILES

Jacky me fit remettre la somme dont j'avais besoin. Ainsi, deux fois par semaine, je commençai à prendre des leçons de pilotage. Je m'habituai peu à peu à l'appareil. Le tableau de bord, qui m'avait paru si rébarbatif, n'eut bientôt plus de secret pour moi. En revanche, la mise en stationnaire me donnait un mal fou. La moindre pression sur les commandes, si légère fût-elle, provoquait des chahuts fort désagréables. Chaque fois, du bout des doigts, l'instructeur rétablissait l'équilibre.

– Imaginez que le manche est planté sur une pièce de cinq francs et que vous ne devez pas franchir les bords, avait-il coutume de répéter.

J'observais les variations de la commande, qu'il bougeait imperceptiblement entre pouce et index.

– Cinq francs, pas plus ! Vous voyez ? À vous...

J'avais beau me concentrer, l'appareil finissait par basculer, monter et descendre : il n'y avait pas moyen de le fixer. En vol, sous mes yeux égarés, les aiguilles semblaient courir d'un bout à l'autre des cadrans. En cherchant à les rattraper, je perdais l'horizon, me crispais sur le manche et nous entraînais dans un chavirement abrupt qui me provoquait des nausées.

Je sortais de là d'autant plus vidée qu'à chaque leçon j'essayais d'éviter les erreurs de la séance précédente. Dès lors, cherchant à me corriger, je découvrais de nouvelles difficultés et, du coup, commettais d'autres bévues. Ce n'était donc pas sans une certaine appréhension que je passais d'une épreuve de pilotage à l'autre. Le soir, à la maison, lorsque toute la petite famille dormait, je me préparais à la séance suivante en potassant le *Manuel du pilote privé*. J'apprenais la navigation, la circulation, la météo, la réglementation aérienne... Le plus difficile restait la théorie du pilotage et le principe de vol de l'hélicoptère. Cependant, je ne sautais aucun passage, bûchais les formules physiques, faisais agir toutes mes cellules grises afin de comprendre par quel miracle cet engin de malheur tenait en l'air. Il me semblait que si je n'appréhendais pas la machine d'un point de vue théorique, presque intellectuel, je ne vaincrais jamais le handicap physique et mental qui me bloquait aux commandes.

À la fin de chaque chapitre, je faisais des exercices de simulation. Calée sur mon siège, commande du cyclique entre les genoux, pas général à main gauche et palonniers sous les pieds, je répétais les manœuvres : tirer le pas, augmenter la puissance en « vissant » la poignée des gaz, maintenir la hauteur en corrigeant au manche tout en jouant du pied (pas n'importe lequel), stabiliser, casser la vitesse, cabrer l'appareil en tirant le manche, baisser le pas en dévissant (mais pas trop), maintenir aux pieds, restabiliser...

L'altitude, la puissance, la vitesse, les tours moteur, le pas, le cyclique, les pieds, le cap et la ficelle au milieu... tout cela devait être envisagé simultanément et passer directement du cerveau aux mains et aux pieds. Le plus difficile consistait à anticiper, contrer et synchroniser toutes les manœuvres, chacune d'elles ayant un effet secondaire sur les autres.

Après une dizaine de leçons, je ne fus pas peu fière d'annoncer à Gilles et à Michel que je savais maintenir à peu près convenablement l'hélicoptère en vol stationnaire. Dans l'apprentissage du pilotage, il s'agissait là d'une étape décisive, au moins psychologiquement. En outre, si nous décidions de ne pas poser l'appareil dans la cour de la prison, il était indispensable que je sache l'immobiliser le temps que Michel y montât.

Après les hauts vinrent les bas : la courbe de mon évolution accusa un palier net qui eut pour effet, après deux semaines de stagnation, de me faire perdre toute l'assurance que j'avais acquise. Je ne faisais aucun progrès. Pis : les automatismes disparurent ; je retrouvai la maladresse de mes débuts. Après vingt minutes de vol, je saturais et rendais le contrôle à l'instructeur. Il en profitait pour se défouler aux commandes, montrant une virtuosité dont une toute petite parcelle m'aurait suffi : il pilotait comme s'il avait poussé une patinette. J'étais épatée. Je me rendais compte qu'il me fallait non seulement devenir pilote, mais encore un bon pilote.

Je quittais l'héliport découragée et de méchante humeur. Les tours de la Défense, camouflées sous des peintures de nuages roses et mauves, me paraissaient hideuses, et plus encore les berges de la Seine, qu'il me fallait suivre pour rentrer dans ma banlieue. Seules les bouilles rondes de mes filles parvenaient à me laver de ma fatigue. Je sautais de la voiture, elles se précipitaient vers moi et nous partions dans les bois où les premiers bourgeons du printemps nous détournaient de nos tourments.

Je menais la vie d'une mère de famille à peu près normale : les enfants, l'hélicoptère deux fois par semaine, le parloir hebdomadaire... Le week-end, je filais souvent chez mon frère. Il avait emmené sa petite famille du côté d'Orléans, où il avait loué une maison à la campagne. Les gamins jouaient dans le jardin, que prolongeait un champ dépourvu de clôture. Pendant ce temps-là, leur père bricolait dans un immense hangar, sa pièce favorite, où il déployait son besoin d'activités manuelles. Il charriait des gravats et ramenait des matériaux récupérés qu'il entreposait là, veillant amoureusement sur ce butin dérisoire.

Un jour, il quitta son havre et me rejoignit à Pontoise où j'avais organisé pour lui un tour en hélicoptère. Ce ne fut pas sans fierté que la « petite-bourgeoise » assista au baptême de l'air de son frangin.

Le Bell 47 ne contenant que deux places, je restai au sol. À quelques mètres de l'appareil, Gilles suivait avec un grand intérêt les préliminaires de la mise en vol. À l'angle de ses sourcils, aux trois plis qui lui barraient les tempes, je devinais que ses yeux riaient. Mais de quoi ?

Je l'observai à distance. En quelques années, mon frère avait beaucoup changé. Il paraissait plus fragile. Il venait tout juste de passer la trentaine, mais son corps, si souple, si élastique naguère, paraissait comme embarrassé. Était-ce à cause de ses lunettes qu'il repoussait sans cesse sur son nez ?

Il se tourna vers moi et m'adressa un clin d'œil. Je fis un pas dans sa direction.

– Dis donc... Pour ta première affaire, tu fais fort ! s'exclama-t-il en désignant le Bell.

– Ce n'est pas une bonne idée ?

– La meilleure ! Et puis tu verras : je vais te blinder ton hélico au Kevlar ! Je te fabriquerai un treuil sur mesure et une nacelle à toute épreuve. On y mettra un moteur électrique. Michel sera à bord en quelques minutes seulement...

Il sourit à l'idée du pied de nez qu'il ferait à la pénitentiaire ; puis, le pilote l'ayant appelé, il me planta là et sauta dans la cabine. Le moteur rugit. Les pales commencèrent de tournoyer. Je reculai pour me mettre à l'abri. Mon frère m'apparut à travers la vitre du cockpit. À cet instant, je ne pensais plus à l'évasion. Une pensée me traversait l'esprit : nous étions bien semblables, deux gosses mal démorvés, embringués dans des histoires à dormir debout, et aussi fascinés par ce gros jouet volant que deux gamins découvrant un nouveau manège...

Les jours passèrent. Je devins meilleure pilote. Un matin, alors que nous avions tourné au-dessus de la piste pour la cinquantième fois au moins, l'instructeur attendit que j'eusse posé les patins sur l'herbe pour me dire :

– Maintenant, à vous ! Je vous laisse et vous me refaites un tour de piste toute seule.

Avant même que j'aie répondu, il avait ouvert la porte de gauche, ficelé une batterie de camion sur son siège, et il courait vers la lisière du terrain, cassé en deux pour se protéger du cercle des pales. Je regardai la batterie. En termes de métier, il s'agissait d'une « gueuse », un lest qu'il avait placé là pour compenser mon faible poids, inférieur de dix kilos au minimum requis. Je n'avais pas le choix. Et puis il fallait bien se lancer un jour...

Derrière, le moteur crachait. La cabine vibrait de partout.

Au sol, l'extrémité des patins frottait l'herbe. Le cyclique, mal maintenu, m'arrachait la main. Je devais décoller. L'appareil quitta le sol presque seul : j'avais à peine tiré le pas général.

Translation avant, prise de vitesse, mise en montée... Mon Bell ne demandait qu'à bondir. Je devais tenir ferme ma monture : elle se croyait sans cavalier. Quarante nœuds, la vitesse de montée ? Je grimpai à plus de soixante. Premier virage. Mise en palier. J'arrivais beaucoup trop vite sur le deuxième virage. Trop vite et trop haut. Je me demandai qui de nous deux, de l'hélico ou de moi, dirigeait les manœuvres.

– Tu te rends comptes, si tu partais pour la Santé, là, maintenant ? me disais-je en tentant de récupérer vitesse et altitude dans « la » vent arrière.

Je tenais mes tours : c'était déjà ça. Mais j'étais encore beaucoup trop haut. Cinq cents, sept cents pieds, la hauteur du tour de piste ? Je ne savais plus... Si je ne voulais pas atterrir dans le champ de maïs d'en face, il fallait que je descende vite fait... J'arrivai comme une bombe. Trop vite !

– Cabre ! ordonnai-je à l'hélico en tirant sur le manche. Attention à la queue derrière !

Le gazon approcha. J'étais court. Mon cœur jouait des castagnettes dans ma poitrine. Je devais y aller, poser les patins sur l'herbe. J'étais à un mètre de hauteur et j'appuyais sur le pas général, m'efforçant de maîtriser la machine qui s'obstinait à refuser le sol. Plus l'engin s'enfonçait et plus mon ventre se déchirait. Enfin, je touchai terre. L'instructeur me rejoignit. Il ouvrit la porte côté passager et hurla par-dessus le raffut du moteur :

– Bravo ! Bientôt, vous serez une grande !

C'était aussi l'opinion des mécanos, lesquels me proposèrent de faire la gueuse la fois suivante. Seul le directeur de la société exprima un avis contraire. Je ne m'en étonnai pas : pour lui, une femme dans un hélicoptère, c'était aussi déplacé qu'une mouche sur une boîte de caviar.

J'annonçai la grande nouvelle à Gilles. Ensemble, nous nous ruâmes sur une cabine téléphonique. Nous entrâmes en liaison avec une station de radio qui émettait un programme pour les détenus. Et nous fîmes passer le message que Michel attendait : « T'en fais pas, l'amour donne des ailes. » Signé : Gilberte et Dona.

CHER FRANGIN

C'est Gilles qui reconnut Jacky sur le journal. Il gisait, mortellement blessé, devant la façade d'une banque. L'article précisait que le complice du malfaiteur avait été arrêté. Il s'agissait de Raymond.

Le soir même, nous nous rendîmes à Paris afin de rencontrer la femme de Jacky qui s'était réfugiée chez des amis. Son chien mordillait ses mains, qu'elle laissait pendre entre ses jambes tout en murmurant :

– Heureusement qu'il est là.

Son hôte recevait des amis. L'ambiance de la fête avait tourné à la tragédie en raison de la présence de cette femme, hagarde sur sa chaise, qui ne pouvait pas encore pleurer. Elle tenait le journal à la main et répondait par la négative chaque fois que nous lui demandions si elle voulait de l'aide.

Gilles et moi laissâmes les convives entre eux puis nous sortîmes, tous deux bouleversés. J'avais conservé pour Jacky une sympathie inexplicable.

Sa mort m'atteignait en plein cœur. Gilles également, mais sa peine était tempérée par d'autres sentiments. Dans la voiture qui nous menait d'une banlieue à une autre, il m'apprit que Jacky, Raymond et lui s'étaient associés. Les deux premiers lui avaient commandé un certain matériel destiné à un cambriolage, matériel qu'il s'éreintait à fabriquer depuis plusieurs jours. Il était convenu entre eux qu'aucun des trois ne « bougerait » avant l'exécution du projet qu'ils avaient mis au point ensemble. Or, Gilles venait de découvrir que Jacky et Raymond avaient des activités en duo dont ils l'avaient soigneusement écarté. Il avait été la dupe de leurs manœuvres. En somme, il avait été doublé.

– Jacky ne m'aimait pas, m'expliqua Gilles en conduisant par les rues noires. Ma présence lui remettait en mémoire un engagement embarrassant qu'il voulait oublier. Il m'a tout de suite considéré en rival ; Raymond, lui, jouait les neutres... Quant à toi, il te méprisait. Il ne t'a jamais rien dit parce que tu étais une femme. Mais je pense qu'il a reporté ça sur moi. Entre nous, il y a toujours eu une profonde hostilité...

Je ne répondis pas : j'étais accablée.

Après la mort de Jacky, Gilles sembla se noyer dans un déferlement d'activités. Il passait son temps sur les routes, multipliant les voyages entre Paris et Orléans. Il passait régulièrement nous voir, jouait avec les enfants, me demandait s'il y avait du nouveau, puis il repartait pour Paris, où il avait des courses à faire, des gens à contacter... Et comme il voulait également être près des siens, il roulait de nuit pour rentrer.

Gilles se tenait au courant des opérations concernant l'évasion de Michel. Certaines fois, nous nous isolions dans la pièce du haut pour échanger nos informations.

Mon mari voulait gagner l'Amérique du Sud. Cette perspective m'effrayait quelque peu : outre que j'imaginais des contrées hostiles, peuplées par les tarentules et les militaires, je ne souhaitais pas quitter mon pays pour m'expatrier à vie. Et puis je ne voyais pas comment nous ferions pour passer les frontières. Gilles, lui, bien que mon départ ne l'enchantât guère, avait réponse à tout :

– Vous ferez le voyage par étapes. Le plus urgent, c'est de quitter la France et d'aller en Belgique ou en Espagne. Il faudra choisir les mois d'été pour être pris dans le flot des vacanciers.

– Et ensuite ?

– Vous resterez là quelque temps, et puis on avisera.

– Qu'est-ce qu'on fera des enfants ?

– Tant que la cavale sera dangereuse, je les garderai. Quand les choses seront calmées, je vous les amènerai, en Amérique s'il le faut.

– Je n'ai pas envie d'aller là-bas.

– Moi non plus. L'idée de te savoir à des milliers de kilomètres de nous, ça ne m'emballe pas.

Je soupirais. Il fallait se résigner. Pour me consoler, je me disais que j'avais encore bien le temps d'y penser...

Par des voies détournées, Michel nous fit parvenir un courrier très spécial comprenant une profusion de renseignements sur la Santé assortis d'un plan à échelle et de croquis en couleurs et en perspective. Le travail accompli provoqua l'admiration de mon frère :

– Est-ce que tu te rends compte ? Reconstituer une prison tout entière à partir de sa cellule, et de façon aussi précise ! Je le reconnais bien là, l'Artiste !

Nous dissimulâmes les documents dans une cachette conçue à cet effet : à l'arrière du pavillon, au fond d'un trou obstrué par des planches et des toiles d'araignée.

Exception faite de l'hélicoptère, Gilles s'occupait de tout. Il dénicha une planque en province qu'il loua sous un nom d'emprunt. Il la meubla de manière fonctionnelle et la bourra de boîtes de conserve.

– Vous tiendrez un siège. Et puis j'y ai mis le principal.

– C'est quoi, le principal ?

– Un matelas. Double, bien sûr !

Le 14 juin, Michel fut extrait de sa cellule pour être présenté devant la cour d'assises de Reims. Il devait y répondre de faits très anciens, encore à l'instruction lorsqu'il s'était échappé du palais de justice de Châlons ; ces faits avaient donc été jugés une première fois hors de sa présence. Le tribunal de Reims, le même que celui devant lequel il comparaissait, lui avait alors infligé la peine maximale prévue par le code pénal pour les prévenus en fuite : la mort. Pour dix-sept vols de voiture et quelques agressions qui avaient rapporté moins de 25 000 F.

Michel ne tenait pas à se défendre. Le dialogue entre lui et les bien-pensants était définitivement rompu. Il se contenterait de parler de ses conditions d'emprisonnement.

– N'attends rien d'autre, m'avait-il dit.

J'avais insisté :

– Essaie, juste pour une fois...

– Dans ce cas, écoute bien ce que je dirai, car je ne parlerai qu'à toi, Nad. Seul ton jugement est important pour moi.

Lorsque je me présentai au palais de justice, je fus atterrée par les moyens mis en œuvre pour protéger la société d'un délinquant, à qui on n'avait à reprocher que des faits mineurs, vieux de dix ans qui plus est : GIGN en tenue, tireurs d'élite sur les toits, portiques de détection magnétique, salle bourrée de policiers en tenue et d'autres, en civil. Michel, blazer foncé, moustache bien taillée, cheveux légèrement ondulants, était entouré par huit gendarmes. Un fauve dans sa cage.

Il désigna les fenêtres situées en haut des murs par lesquelles, de temps à autre, on voyait passer des gardes armés de fusils. Son bras se dirigea ensuite vers les rangées de la salle occupées par les forces d'intervention.

– Ne vous trompez pas de personnage en jugeant aujourd'hui ! Mais regardez bien ce que devient un homme à qui on a ôté jusqu'à l'espoir de vivre.

L'avocat général demanda dix ans de réclusion criminelle, sans confusion avec la peine de quinze ans prononcée en 1975 par la cour d'assises de Douai pour deux vols à main armée.

– Une condamnation terrible, absolument disproportionnée avec la gravité des faits et qui a fait de ce petit délinquant sans envergure un révolté, une véritable bête traquée, plaida Mᵉ Deguines, avocat de la défense. La justice doit une réparation à Michel Vaujour. C'est à vous de la lui accorder et de lui rendre un peu d'espoir.

Les jurés l'entendirent : Michel fut condamné à huit ans de réclusion criminelle. Sa peine fut confondue avec les quinze années infligées à Douai, celles-ci ne pouvant malheureusement pas, selon les propres dires du Président, être corrigées.

En dépit de l'importance du dispositif policier, la chaleur régnant à l'audience jointe à la clémence des jurés m'emplit d'une nouvelle confiance. Je pensai que l'évasion n'était peut-être pas nécessaire ; et je me remis à espérer du côté de la justice.

– Voilà ce que je craignais de ta part, me dit mon mari au parloir suivant. N'oublie pas, Nad, que les peines dont j'écoperai à Paris et à Évry ne seront pas confusionnables avec celle-ci. C'est trente ans minimum...

Je passai à l'étape suivante : la reconnaissance des lieux. Un après-midi, j'explorai les bâtiments faisant face à la prison de la Santé. Ils se composaient de cinq ou six blocs indépendants, d'une hauteur de dix étages chacun. Lorsque j'arrivai, des dames d'âge respectable papotaient dans l'allée centrale. Je passai devant elles, visage baissé.

Les trois premiers bâtiments, situés parallèlement à la prison, ne présentaient aucun intérêt. Je me dirigeai alors vers celui du fond, perpendiculaire et distant de moins de cinquante mètres de mon objectif.

Je montai par les escaliers, respectant une consigne de mon frère m'ayant recommandé de ne pas emprunter l'ascenseur : « Quand les gens l'entendent s'arrêter sur le palier, ils regardent à travers l'œilleton pour savoir si c'est eux qu'on vient voir ou les voisins. »

Au deuxième étage, j'étouffai un cri de joie : on apercevait parfaitement les bâtiments hauts de la Santé. L'observatoire était donc bon. À une réserve près : la vue portait trop à gauche.

Je redescendis et pénétrai dans le même immeuble, mais par le dernier escalier. Premier étage : rien. Deuxième étage : le mur d'enceinte. Troisième : son sommet. Quatrième : un chapelet de cellules. Je touchais la prison des yeux ; mon cœur se mit à battre plus fort. Cinquième : la cour de promenade surgit des profondeurs. Sixième : je plongeai au beau milieu du secteur choisi par Michel pour son évasion – soit la cour et toutes ses dépendances.

J'observai, le cœur battant. Les barreaux, les grilles, les pierres couleur vieux sang, les deux cheminées gigantesques dressées vers le ciel, tels des canons, la guérite en tôle abritant le maton de garde... Je restai là de longues minutes, accroupie, gravant ces images dans mon esprit. Lorsqu'elles furent parfaitement intégrées en moi, je redescendis silencieusement les étages, ayant l'impression d'avoir accompli un terrible délit.

La vision du sixième ne me quitta plus. Chaque fois que je peinais aux commandes de l'hélicoptère, elle m'apparaissait comme dans une boule de cristal. Alors, je vins et revins voir le site défendu. À force, je me persuadai qu'il n'avait rien de plus impressionnant qu'un pâté de maisons ordinaires, un hôpital, un bâtiment administratif : la citadelle n'était plus imprenable.

Je fis part de mes impressions à Gilles. Il s'était arrêté ce jour-là à la maison, avant de rejoindre sa famille à la campagne. Il m'écoutait à peine. Je vis qu'il était exténué. Je le pressai de questions. Il fit un geste d'impuissance, s'assit, et, profitant de ce que maman était sortie, me confia ses tourments : il avait raté son dernier casse ; lequel avait été précédé de quatre autres échecs.

– Il n'y a pas eu de dommages, précisa-t-il. Mais c'est un fiasco de plus. J'en compte cinq depuis ma libération...

J'étais stupéfaite.

– Cinq tuiles. On dirait une fatalité. Je n'en peux plus...

– Alors arrête ! m'écriai-je.

– Et qu'est-ce que tu crois ?

Il remonta ses lunettes sur son nez.

– Écoute, Gilles : une série pareille, c'est un signe. T'as la poisse. Toi ou les gars qui sont avec toi. Tu t'en es sorti. T'es revenu. C'est ça qui compte. Laisse tomber. Je t'en prie : laisse tomber.

– Ce n'est pas possible. J'ai une très grosse affaire en vue. J'y ai pensé pendant quatre ans... Un truc que j'avais repéré quand je me planquais à Tours. En prison, dès que je levais le nez des bouquins, je la voyais. Je l'ai retournée dans tous les sens. Ça me hantait.

– C'était une obsession. Rien d'autre. Renonce à ton projet.

Il cessa de jouer avec ses lunettes et me dévisagea :

– Comment vous allez faire, quand Michel sera dehors ? Vous allez vivre d'amour et d'eau fraîche ?... Il faut prendre l'argent avant.

– On se débrouillera, répliquai-je en me détournant. Je ne veux pas partir sur ces bases-là.

– Si tu n'es pas solidaire de moi, je perds la moitié de mes chances...

Je fis volte-face.

– Mais Gilles, je ne peux pas te dire que je suis d'accord, je ne le peux pas ! Je ne veux plus de cette vie-là ! J'ai un mari en prison et un frère qui s'apprête à y retourner. Tu ne crois pas que ça suffit ?

– T'as changé ! lâcha-t-il.

– Toi aussi. Tu te souviens de ce que tu m'avais dit : Si je ne suis pas riche à trente ans...

Il haussa les épaules :

– Arrête avec ça, tu veux ? Au moins, abstiens-toi d'en rajouter. Sinon, je vais partir avec tes paroles et c'est pas bon...

– La prison t'a rendu moins accessible.

– Ce n'est pas la prison, répliqua-t-il avec superbe : c'est la philosophie.

Il tourna les talons, me laissant là, totalement désemparée. J'avais bien compris sa dernière allusion. Elle se rapportait aux discussions que nous avions eues à propos de la violence. Pour Gilles, elle n'avait plus de caractère pulsionnel ; l'analyse rationnelle l'ennoblissait. Pour moi, elle ne se concevait pas hors du cadre des émotions. En la matière, je me moquais des analyses, ce qui exaspérait mon frère. Ses connaissances philosophiques lui permettaient de me larguer facilement. Ce jour-là, comme les autres, je n'avais su réagir qu'au premier degré. Mais, en raison de la nouvelle que j'avais apprise, j'étais plus mal que lors de nos échanges précédents : mon frère préparait un braquage.

Je m'efforçai de ne pas y penser. J'enfouis le secret au plus profond de moi-même et jamais plus nous n'abordâmes le sujet avec Gilles. À la longue, je crus qu'il y avait renoncé...

Je poursuivais ma formation sur l'Alouette II, un appareil à turbine dont la puissance convenait mieux à l'usage que j'en attendais. L'Alouette déployait une puissance impressionnante et se révélait d'un maniement plus souple que le Bell. Elle revenait également beaucoup plus cher.

À raison de mille deux cents francs l'heure de vol, je dus vendre le stock de marchandises qui me restaient de ma brocante. J'en mis une partie en dépôt-vente à Paris et écoulai le reste directement aux Puces de Montreuil. Tout ce que je récoltai passa dans les leçons de pilotage. Par chance, après cinq mois de pratique régulière, ma formation touchait à sa fin.

Vint le mois de juillet et, avec lui, le temps des vacances. Ma mère emmena les enfants en Italie. Durant son absence, je fis un grand nettoyage de la maison. Puis, emportée par mon élan, je m'attaquai à la peinture. J'avais envie de faire une surprise à ma mère en lui offrant un pavillon retapé. C'était ma manière à moi de lui exprimer ma tendresse.

Le 3 juillet, à midi, alors que je repeignais l'entrée en blanc, Gilles s'arrêta chez nous. Il était de bonne humeur. Il se moqua de l'énergie que je dépensais à remettre à neuf une maison que je quitterais bientôt. Je lui expliquai que je voulais faire plaisir à maman. Étant donné qu'il l'aimait beaucoup, il ne dit plus rien.

Nous déjeunâmes ensemble, puis il reprit la route en début d'après-midi.

– Je t'appelle demain, dit-il gentiment.

Je regardai l'Estafette disparaître au loin, puis je revins à mes travaux de rénovation.

Le lendemain, Gilles m'appela.

– Tu es encore dans la peinture ? se moqua-t-il.

– Ça t'embête ?

– Non. Ça m'amuse... Tu auras fini mercredi ?

– Certainement pas !

– Tant pis pour moi. Je viendrai quand même déjeuner avec toi.

Le lendemain, mardi, je m'éveillai de bonne heure. J'étais en proie à un malaise bizarre. Je traînassai durant toute la matinée. Après le déjeuner, je m'allongeai, espérant que la sieste éliminerait cette vague de cafard qui m'assaillait depuis le matin.

Je m'éveillai à trois heures de l'après-midi. J'étais en nage. Je sortais d'un cauchemar que je fus incapable de reconstituer. Je me levai mais ne pus rien faire de la journée. À dix-neuf heures, le téléphone a sonné. C'était une amie de Gilles. Jamais elle ne m'avait téléphoné.

– Il faut venir tout de suite, dit-elle d'une voix faible. Tout de suite...

Puis elle raccrocha.

À huit heures, j'arrivai chez elle. Trois ou quatre inconnus regardaient les infos à la télé.

Je demandai pourquoi on m'avait fait venir. Personne ne répondit. Je sentis un malaise, puis me retournai vers l'amie de Gilles :

– Eh bien ?

Elle était livide.

– Eh bien ?

J'avais crié.

– C'est ton frère... On vient de parler de leur affaire... Ça s'est mal passé.

Il régnait dans la pièce un silence terrible. Tout le monde me regardait. Personne n'osait ouvrir la bouche.

– Il s'est fait prendre ? demandai-je d'une voix blanche.

Les regards convergèrent brusquement vers l'écran de télévision. On parlait d'un hold-up. Je me précipitai. Je vis une seule image, mais elle m'emplit d'effroi : un brancardier transportait un corps sur une civière.

Un homme se tourna vers moi. Son visage était défait.

– Ils sont tous pris... Il y a un mort. On ne sait pas qui c'est.

Un métal en fusion se répandit dans toutes mes veines. L'homme ne me quittait pas du regard. J'étais comme statufiée. Instinctivement, je cherchais à me raccrocher aux scènes les plus pénibles que j'avais vécues. Mais toutes se dérobaient. Je n'étais plus qu'un hurlement vivant, un cratère, quelque chose d'immensément brûlant et douloureux.

Je quittai la maison sans poser d'autres questions – pas même la plus immédiate : Comment se faisait-il qu'ils étaient tous au courant ? Je partis comme une folle à la recherche de mon frère. Je roulai pendant des heures. Devant moi, il n'y avait rien, mais j'étais pressée d'arriver. Où ? Je ne le savais même pas...

J'errai pendant des jours et des jours, allant de clinique en hôpital et d'hôpital en clinique, cherchant mon frère et les traces de mon frère là où mes pas me menaient. Cela dura dix jours. Dix jours pendant lesquels je refusai de croire que le pire nous était arrivé. « Un mort », titraient les journaux. Je voulus croire que ce mort n'était pas le nôtre. J'épluchai tous les comptes rendus de presse, lisant entre les lignes pour m'assurer que ce n'était pas lui. J'écrivis et réécrivis le scénario dans tous les sens : un hold-up qui rate ; les gars qui s'embarquent en catastrophe dans une camionnette ; un policier qui tire dans le réservoir ; une explosion ; le conducteur, une minute plus tard, chutant, carbonisé sur le trottoir ; et les autres, transformés en torches vivantes, sortant comme des déments du tombeau infernal. On en neutralisa deux. Le troisième parvint à s'enfuir. Il fut intercepté dans la soirée. Il mourut moins d'une semaine plus tard. Deux morts. Qui ?

On nomma trois des hommes. Le nom de Gilles ne fut pas mentionné.

Je me rendis à l'hôpital de Tours. Les policiers étaient partout. Je questionnai des infirmiers aux abords des parkings. J'appelai le service des grands brûlés. Tout cela en vain.

C'est à Paris, finalement, que j'appris la sinistre réalité. Une journaliste que je connaissais accepta de me recevoir. Elle ne prononça aucune parole. Elle se contenta de me présenter des photos prises sur le hold-up. Gilles était là. Mort. Depuis dix jours. La douleur me submergea. Je coulai à pic.

LA FIN DES RÊVES

– Des ordures ! Vous êtes des ordures !

Voilà le cri que je lançai à la face de Michel lorsque je le revis derrière la vitre du parloir. Et pendant des jours, des semaines, je ne fus plus capable de rien. Je pleurais un mari et j'avais perdu un frère. J'étais damnée. Je ne pouvais plus aider quiconque. Si je m'envolais en hélicoptère, je m'écraserais dans la cour de la Santé, je brûlerais vive, je mourrais. Le présent était noir et l'avenir n'existait plus. Tout était ma faute. Au cours de ses six mois de liberté, Gilles avait précipité sa vie comme autant de grains de sable filant au travers d'un sablier, et je n'avais rien vu. Il avait été seul. J'étais coupable. Autour de moi, il n'y avait que poussière, cendres et chaos.

Pour ma mère, ce fut plus terrible encore. Elle rentra d'Italie afin d'accompagner son fils jusqu'à sa dernière demeure. Sa douleur fut inexprimable. Aujourd'hui encore, je ne sais comment décrire ce coup de hache qui nous trancha la vie. Mon esprit s'y refuse. Il sombrerait s'il acceptait l'irrémédiable.

Après la tragédie, nous apprîmes à nous fondre dans le malheur, à courber le dos, à raser les murs. Nous devions nous occuper de deux enfants supplémentaires. Nous n'avions pas le temps de parler, encore moins de pleurer.

J'achevai ma formation de pilote, concluant mon stage tel un automate. En septembre, j'avais entre les mains un carnet de vol dûment rempli, le diplôme du brevet sur carton blanc orné d'une frise dorée, et la licence, où figuraient mes qualifications sur Bell 47 et Alouette II. Sept mois d'efforts, soixante-dix mille francs dépensés. Par amour, seulement par amour.

L'ombre du malheur s'était glissée entre Michel et moi. Nous ne vivions plus une histoire mais un drame qui ne nous quitterait plus. Chaque vendredi, lorsque je me retrouvais face à lui, il me demandait, déchiré :

– Quand seras-tu prête ? Quand penses-tu venir ?

Il souffrait. Son corps tout entier glissait le long de ce précipice où, seule, j'essayais encore de le retenir. Même si je lui en voulais confusément de la mort de mon frère, il n'était pas question de le laisser tomber dans le vide. Chaque fois, je l'éloignais du précipice en disant :

– Dimanche.

Et j'y croyais.

Sur le chemin du retour, je répétais mentalement mon plan : mettre les enfants à l'abri, débarrasser la maison, réserver l'hélico, foncer sur la

Santé, le cueillir sur le toit, atterrir... Mais samedi pointait son nez, dimanche arrivait, lundi était la journée du remords, et ainsi, toujours, jusqu'au vendredi. Je renouvelais ma promesse, y croyant tout autant. Mais j'étais bloquée. Je m'inventais des raisons pour ne pas y aller. La première, imaginais-je, était due à la misogynie du patron de l'héliport, qui se refusait à me louer un appareil sous prétexte que j'étais une femme et que les femmes ne pilotent pas.

Je frappai à une autre porte. Novice, je croyais qu'un hélicoptère se loue comme une voiture et que mon dossier attestant de ma qualité de pilote suffirait à convaincre les âmes les plus rétives. Mais cela ne convenait pas au propriétaire de l'engin. Il voulait voir.

Il fut satisfait et déclara qu'il me louerait une Alouette sans problème. Ce jour-là, je fis une promenade en solo jusqu'à Paris. C'était un après-midi de novembre humide et gris. Je suivis l'autoroute, me guidant grâce aux lumières en pointillés du ruban routier. Paris s'annonça bientôt par une armée de hauts immeubles, de faubourgs, d'agglomérations. Bientôt, la cité gigantesque emplit la bulle de l'appareil. Paniquée, je renonçai et fis demi-tour.

En décembre, le transfert de Michel pour Loos-lès-Lille mit un terme à ce qui me restait de volonté. La décision fut prise par l'administration pénitentiaire, qui avait eu vent d'un projet d'évasion par les airs. Les gars étaient moins discrets que je n'avais cru : au fil des mois, les langues s'étaient déliées, on avait parlé... Personne ne savait de quoi il retournait exactement, mais Michel étant un spécialiste de l'évasion, on préféra l'éloigner de Paris. Quelques jours avant son transfert, les responsables tentèrent de m'interdire le parloir, arguant d'un manque de permis. La semaine suivante, à l'aube et dans le plus grand secret, mon mari quitta la Santé. Une page était tournée. J'avais pénétré dans l'enceinte de cette prison tour à tour bourrée d'espoir, déçue, ragaillardie, enthousiaste, effondrée. J'en sortais vaincue.

Pendant dix jours, en dépit de l'insistance de nos avocats, l'affectation de mon mari fut cachée à tous. Lorsque j'appris enfin où il se trouvait, je bravai les barrages des routiers en grève et me rendis à Lille.

Le temps eut raison de mes dernières illusions. Je cessai de feindre et de rêver. Cette vie-là était trop difficile pour moi. L'évasion était au-dessus de mes forces. Pour ne pas tout gâcher, je devais m'efforcer de vivre au présent. Il fallait que je me ressaisisse, que je ramène mon existence à des dimensions plus tangibles, celles de mes enfants, placés sous ma seule protection.

Nous quittâmes notre petite maison de banlieue. L'office des HLM m'avait attribué un appartement qui me devint un refuge. Je trouvai du travail. Grâce à cette occupation, j'oubliai pour un temps le néant de ma vie. Cependant, même parmi mes collègues, pourtant intelligents et sympathiques, je me sentais étrangère. Je n'appartenais à aucun milieu.

J'étais habitée par un mal incommunicable qui me conduisait à fuir les lieux habités, bureaux et magasins, pour retrouver l'apaisement de la solitude. Le soir et le week-end, consacrés exclusivement aux enfants, me consolaient de tant de peines.

Après Loos-lès-Lille, Michel fut transféré à Fresnes. Nous étions au mois de mai 1984. Il était en prison depuis près de trois ans. Le gouvernement ayant abattu les plexiglas pour les premiers parloirs libres, nous pûmes nous étreindre réellement et non plus coller nos bouches à la paroi pour des semblants de baisers.

Michel souffrait de me voir m'installer sur les ruines de nos rêves. Son seul désir, quitte à en crever, était de s'arracher du tombeau dans lequel nous étions tous deux engloutis. Il le tenta. Une bombe lacrymogène s'étant malencontreusement mise à fuir, les gardiens pénétrèrent dans sa cellule et, stupéfaits, découvrirent un arsenal impressionnant : cordes, gants, perruques, explosifs...

Envoyé au mitard, Michel en fut extrait cinq jours plus tard pour me rencontrer au parloir. Nous ne nous reverrions plus pendant quarante jours. Il m'apparut comme un clochard. Je lus l'abandon sur son corps, la détresse dans son regard : il était totalement désespéré.

Je rentrai chez moi, plus abattue encore que de coutume. Les policiers m'attendaient. Ils voulaient s'assurer que je n'avais pas passé le matériel qu'on avait découvert dans la cellule de mon mari.

– Assurez-vous, dis-je.

Ils pénétrèrent chez moi et entamèrent une perquisition en règle. N'ayant pas aidé Michel, je me sentais parfaitement confiante. J'espérais seulement qu'ils ne mettraient pas l'appartement sens dessus dessous.

L'un des inspecteurs s'approcha d'une grosse malle. Il en souleva paresseusement le couvercle. Je blêmis aussitôt. De l'endroit où il se trouvait, il ne voyait pas mon visage. Mais je vis le sien. Et la découverte qu'il venait de faire semblait l'intéresser au plus au point. De longues secondes s'écoulèrent avant qu'il se tourne vers moi.

– C'est un faux ?

À la main, il tenait mon brevet de pilote.

Je fus embarquée pour le quai des Orfèvres. Dans la voiture, les policiers s'interrogeaient : à quoi pouvait me servir un faux brevet ? Ils ne comprenaient pas encore. Ils avaient seulement le sentiment de rapporter dans leurs filets un drôle de petit poisson.

Lorsqu'ils se furent renseignés, ils me posèrent les questions élémentaires :

– Pourquoi as-tu appris à piloter ?

À quoi j'apportai des réponses à la mesure des questions :

– Parce que j'aime le ciel et l'espace.

– Tu fais de l'hélicoptère comme d'autres font du vélo le dimanche dans le bois de Vincennes ?

– À peu près.

– Et tu t'es offert les leçons avec tes indemnités de chômage ?

– Oui. Et j'ai vendu des articles de brocante...

Que pouvaient-ils contre cela ? L'art du pilotage n'a jamais été considéré comme un délit. Je fus donc relâchée, et on me rendit mes papiers. Ils étaient en tout point semblables à ce qu'ils étaient auparavant. Avec une nuance de taille : enregistrés par les policiers, ils ne me servaient plus à rien. Mon nom serait signalé dans tous les héliports et mes déplacements rapportés à qui de droit. Un seul coup d'éponge avait suffi à effacer des mois d'acharnement. C'était un véritable suicide. Si bien consommé que je me demandais s'il n'avait pas été souhaité inconsciemment.

DÉCLIC

Les mois passèrent. Mon frère était mort, mon mari en prison, mais tout allait bien. Selon les voisins. En quoi, si l'on s'en tient à leurs critères, ils n'avaient pas tort. Mon logement était bien situé et relativement confortable, mon travail plaisant, mon salaire correct et mes deux enfants (dont la cadette allait sur ses trois ans) plutôt beaux et assez bien élevés. J'étais donc une mère de famille honorable, promue depuis peu « responsable du service de formation » de l'entreprise qui m'employait, dont le patron, un homme chaleureux et intelligent, ne ménageait pas sa peine pour aider son employée préférée.

En vérité, l'envers du décor était tout autre. Je tenais ma place dans la société, mais j'avais l'impression de marcher à contre-courant. La vie me semblait inutile et absurde. Dans les méandres obscurs du quotidien, je cherchais en vain une éclaircie qui blanchirait l'obscurité dans laquelle je me mouvais. Mais il n'y avait rien, jamais. Certains jours, j'aurais aimé éprouver de la haine pour quelqu'un ou quelque chose, la haine étant source de force. Mais je ne savais que souffrir. Tout me coûtait : parler des vacances, me promener, voir des amis, emmener les enfants au ciné... J'avais l'impression de m'éteindre, de vieillir à vue d'œil.

Chaque jour, me rendant au travail, je passais devant la prison où Michel était enfermé. La douleur, alors, devenait déchirure. Des yeux je léchais les murs, je m'agrippais aux barreaux. Et lorsque la forteresse disparaissait dans mon rétroviseur, les larmes me pétaient au visage.

Michel était retourné à Fleury-Mérogis. Cet établissement était le plus dur de tous. Là plus que partout ailleurs, on me faisait sentir la différence qui séparait mon mari des autres détenus. On me donnait un numéro de cabine spécial, on me faisait attendre plus longtemps, un gardien restait en permanence auprès de nous...

Parfois, je venais avec les enfants. Pendant trente minutes, nous jouions à la vie de famille. La petite passait de mes bras à ceux de son père puis grimpait sur la table de pierre, redescendait, écartait un tabouret, se glissait entre nos genoux... La grande, quant à elle, faisait les plus grands frais de la conversation. Elle racontait l'école, demandait l'arbitrage de Michel s'il lui semblait que je l'avais grondée injustement... Lui, il cherchait ma main et la gardait. Quand nous nous quittions, j'emportais vers le parking la chaleur qu'il m'avait insufflée, suivant avec nonchalance les enfants qui me précédaient en courant vers le parking.

Trois affaires étaient instruites contre Michel. La première, dépendant de Nanterre, avait abouti à un non-lieu. La deuxième, jugée à Évry, traînait d'autant plus en longueur que le juge devait également s'occuper de l'évasion du palais de justice de Châlons-sur-Marne. La dernière fut jugée devant la cour d'assises de Paris en mars 1985. Il s'agissait d'un braquage de banque doublé d'un échange de coups de feu avec la police. Les deux faits n'étaient pas liés dans le temps. Michel reconnaissait le premier mais niait le second.

Le président était considéré comme l'un des magistrats les plus répressifs de son temps. Il achevait sa carrière par ce procès, et chacun, défense (avec crainte) et accusation (avec jubilation), songeait qu'il aurait la main lourde afin de finir son parcours en beauté.

Je suivis le procès de bout en bout. Les boiseries massives de la salle, le lustre à pendeloques, les robes pourpres des magistrats et leur fourrure d'hermine ajoutaient encore à l'apparat de la cérémonie. Une cérémonie de vivisection publique. L'incompréhension entre les deux parties était totale. Ceux qui se trouvaient du bon côté jouissaient d'un mode de vie si exemplaire, d'une pensée si bien cadrée, qu'il leur était impossible de se frayer un chemin de communication sur un terrain qui leur était étranger. Au cours du débat, il apparut que les questions étaient mal posées, les réponses trop floues pour fonder des évidences, les témoignages interprétables de toutes les façons possibles. Une seule vérité apparaissait : l'incohérence des dépositions concernant la fusillade ramenait les doutes en faveur de l'accusé.

L'intime conviction fut la grande maîtresse des débats. Au terme desquels le président accoucha d'un verdict digne de ses capacités : dix-huit ans de réclusion. Justifiés ainsi : étant donné, petit *a*, que Michel Vaujour connaissait les auteurs des coups de feu, que, petit *b*, il les couvrait de son silence, la cour l'avait considéré, petit *c*, comme complice puisque aussi bien il avait eu connaissance des faits. Gardes, emmenez l'accusé et rendez-vous en 2017.

2017: trente-deux années de prison. Plus celles déjà faites. Un coup de gong. Comment imaginer l'avenir dans ces conditions ? J'avais un repère très simple qui, au-delà d'un certain stade, ne fonctionnait plus : je reportais le temps de la peine sur l'âge des enfants. Huit ans, dix ans, même quinze ans, c'était possible. Mais trente ? Lorsque Michel sortirait, Myriam aurait quarante ans, et Cathy, trente-trois. C'était plus que je n'en avais à l'époque. Inimaginable. Notre amour nous torturait alors que nous n'étions séparés que depuis quatre ans. Plus, c'était possible. Beaucoup plus, c'était notre mort.

Michel partageait mes pensées. Il s'épuisait. Il voulait en finir. Il me demanda si j'acceptais de lui apporter de quoi mourir décemment le jour où il n'en pourrait plus. Je fus épouvantée.

Je dis oui, songeant que jamais je ne ferais cela, que si je savais œuvrer pour la vie, la mort ne m'aurait pas pour complice. Je mentis pour que mon mari retrouvât un semblant de paix.

Il était si désespéré que j'appelai à l'aide son avocat. Je le suppliai d'aller rendre visite à son client. Cet homme, devenu le confident de ma détresse, à qui je n'osais même plus demander si on ne pouvait vraiment rien tenter, rien espérer, céda à mes supplications. Et ce fut une rémission pour moi que d'imaginer Michel parlant avec quelqu'un une petite heure ici ou là.

Peu de temps après le verdict de la cour d'assises de Paris, le hasard voulut que je participe à un congrès professionnel à Nice. L'entreprise qui m'employait y avait envoyé une partie de son personnel, et c'est à ce titre que j'assistais à une communication sur le management. Je ne sais par quel mystérieux phénomène l'orateur provoqua en moi une réaction qui allait brusquement changer le cours de ma vie. Était-ce son bagou ? La qualité de son exposé ? Toujours est-il qu'en l'écoutant, je pris la décision subite et irraisonnée de rompre avec le travail, la sécurité, l'existence pépère, et de tout faire pour sortir Michel de l'enfer dans lequel il se mourait. Du jour au lendemain, je donnai ma démission. Mon employeur la refusa.

– Je comprends ce qui vous anime, me dit-il gentiment. Vous n'avez pas l'esprit d'un fonctionnaire. Mais vous commettez une erreur en partant. Restez.

– Je ne le peux pas...

Je lui expliquai ma situation. Il m'écouta attentivement puis m'offrit deux après-midi par semaine afin que je puisse me rendre au parloir. Je commençai par accepter. Au bout de deux semaines, je partais pour de bon : je ne m'estimais pas à la hauteur de la générosité de mon patron.

Je comptais vivre avec une somme importante (cent vingt mille francs) qui venait d'être débloquée de la vente de la maison de la Drôme. Vivre, pour moi cela signifiait d'abord et avant tout sortir Michel de son trou. Retrousser mes manches une fois pour toutes.

MONSIEUR HILLER

Juillet 1985. Michel est de retour à la Santé. Pendant quatre mois, visite après visite, nous avons remis notre projet sur le tapis. Nous avons envisagé toutes les solutions, jusques et y compris la plus farfelue : tenter l'évasion avec un de ces appareils que l'on fixe sur le dos et qui vous propulse dans les airs par une éjection de gaz. Je me voyais assez bien sauter le mur avec l'engin, récupérer Michel à bras-le-corps et repasser l'enceinte comme à l'aller. Renseignements pris, il n'existait qu'un prototype de l'instrument, et un prototype bien peu adapté à ce que nous voulions en faire : le principe de la propulsion permettait de partir mais pas de rentrer. Ennuyeux.

Après avoir épuisé les diverses possibilités, nous sommes revenus à l'hélico. Lui seul peut se poser partout. Si c'est à Fleury, il faut mettre à profit le dégagement des bâtiments ; si c'est à Fresnes, à condition d'éviter les points dangereux, difficilement repérables, on peut y arriver ; quant à la Santé, plus malaisée d'accès, c'est une bonne vieille camarade.

La Santé. J'y reviens après des mois d'absence. Le soleil, le vent léger qui glisse sur mes épaules comme un voile de soie me rendent presque sereine. Aujourd'hui, j'ai de bonnes nouvelles à transmettre.

Je longe l'interminable enceinte noire derrière laquelle mon mari m'attend. Je m'arrête devant une grosse porte de ferraille grise boulonnée de haut en bas. Je frappe. Bruit de pas. Un homme entrebâille le battant, qui bute sur une chaîne. Je dis : « Parloir ! » Et sans attendre, j'enjambe le bas de porte scellé au sol, je glisse sous la chaîne et me faufile sur le côté. Le gardien me regarde, perplexe. À la main, il tient la clé de la porte, une clé gigantesque qu'envierait Barbe Bleue.

Le battant se referme dans un bruit infernal. Je m'approche d'un employé en blouse qui se tient derrière un comptoir.

« Vaujour, première division... »

L'homme fouille dans une chemise bourrée de permis de visite écornés. Il me tend le mien. Je le prends et me dirige rapidement vers la salle d'attente. C'est le temps des vacances ; il y a peu de monde et la prison semble totalement déserte.

Dans la petite salle qui jouxte les parloirs, un gardien avenant s'enquiert de mon identité, consulte le permis et crie dans l'interphone :

– Vaujour !

Je m'assieds, dos au mur. Par la fenêtre ouverte sur le haut, j'entends les conversations des détenus en promenade. Le surveillant s'approche et, gentiment, me dit qu'il est content pour les prisonniers : il y a soleil, aujourd'hui.

Lorsque j'entre dans la cabine, Michel m'accueille avec un sourire doux. À voix très basse, je lui annonce que j'ai réglé le problème de l'héliport. Problème considérable : figurant évidemment sur la liste rouge des héliports parisiens, j'ai dû chercher en province. Et c'est finalement à Annecy que je passerai mon brevet une seconde fois après être repartie de zéro.

– Tu t'es inscrite ? Tu y es arrivée ?

J'acquiesce.

– Sous quel nom ?

– Hélène.

– Tu pars quand ?

– Tout de suite après t'avoir quitté. J'en ai pour un mois.

– Je ne veux pas que tu m'écrives. Pour qu'il n'y ait aucune trace...

Annecy est une ville coquette et vivante. Elle sent bon. Lorsque je débarque du train, j'ai l'impression de me retrouver dans une cité mi-moderne mi-provinciale, authentique et touristique. Dans mes bagages, j'ai emporté une combinaison de pilote, une fiche d'état civil au nom d'Hélène X, des bouquins de cours et l'argent du stage.

En car, je gagne la petite commune où se trouve la chambre d'hôtel que j'ai réservée pour un mois. La commune semble entièrement à la dévotion de sa mairie, bâtiment ultramoderne avec un parvis agrémenté de jets d'eau et d'allées pavées. À part cela, il y a une nationale et, sur sa bordure, mon hôtel. Je l'ai choisi là car l'héliport se trouve à deux kilomètres. Je m'y rendrai à pied, chaque jour. À raison de deux leçons quotidiennes, je devrais obtenir mon brevet sans guère de problèmes. Au fond, ce réapprentissage constituera le meilleur des entraînements. Cent heures, ce n'est rien comparé aux milliers d'heures des pilotes professionnels (généralement issus de l'armée), mais c'est un petit début quand même.

Mon instructeur est un jeune gars sympathique, plein d'entrain, vif, sûr de lui et pas fier pour un sou. Il me témoigne d'autant plus de gentillesse qu'il vient de créer son école de pilotage ; je compte parmi ses premiers élèves.

Il commence par me montrer le terrain sur lequel nous travaillerons. L'hélico est posé près de la barrière qui borde la terrasse du bar de l'aéroclub. Il est d'un rouge vermillon agressif et visible de très loin. Il est affublé de deux renflements qui lui font de curieuses joues de part et d'autre des portes.

– C'est un Hiller ! s'exclame fièrement le propriétaire. Un appareil à pistons que j'ai acheté en pièces détachées et remonté de mes propres mains.

– Merci les mains !

Celui qui a parlé ainsi est agenouillé derrière le Hiller, auprès d'un autre garçon. Ce sont deux élèves, pilotes d'avion désireux de s'initier aux joies de l'hélicoptère.

– Vous verrez, mademoiselle, c'est un spécimen ! Trente ans de service et des commandes dures comme du bois !

– Oui, se défend l'instructeur, mais quand vous saurez le piloter, vous pourrez piloter n'importe quoi !

En effet. Le Hiller est une sacrée rosse. Moi qui craignais par-dessus tout de me trahir à la première leçon, je suis rassurée dès la prise de contact : les commandes sont si rigides que j'en ai mal aux bras. Si le Bell et l'Alouette sont des Ferrari, le Hiller tient plutôt du taxi de la Marne.

En plus, Monsieur supporte difficilement la chaleur : celle-ci diminue considérablement sa portance et liquéfie son huile moteur. Pour répondre à tous ses caprices, l'instructeur multiplie ses activités. Tantôt il est en combinaison de pilote, tantôt en bleu de mécano. Une fois par semaine au moins, il dépose le moteur. Je lui sers d'assistante en lui tendant les outils. Quand l'hélico se sent mieux, on repart. Et vogue la galère.

Les heures de cours sont distribuées en fonction de nos poids respectifs. Étant la plus légère, je vole aux moments les plus chauds de la journée – dans la limite des capacités du Hiller, bien entendu. Je me montre un peu plus rapide que les autres, ce qui fait dire à mon instructeur que je suis douée.

À la fin du mois, le stage s'achèvera par le test final au terme duquel nous recevrons – ou non – notre brevet de pilotage. En attendant, je bosse. Chaque soir, dans ma chambre d'hôtel tapissée de rose, je potasse mes livres d'aéronautique. Je me suis fixé un but : connaître par cœur les réponses aux six cents questions posées par mes manuels. J'étudie aussi le plan de la Santé, que m'a confié

Michel, ainsi que trois pages de notes concernant notre projet.

Après dix-huit heures, je suis si seule que parfois j'ai l'impression de me retrouver en cellule. Et un matin, à l'aube, je suis réveillée par un bruit de pneus crissant sur le gravier de la cour de l'hôtel. Je me lève précipitamment, je regarde, j'aperçois une tache bleu marine... J'attrape au vol mes documents, franchis le rebord de ma fenêtre, et, passant de balcon en balcon, atterris enfin sur la terrasse de l'hôtel. Je me jette à plat ventre, mes papiers serrés contre moi. J'attends. Rien. Nouveau crissement de pneus. Non loin, passe une camionnette de livraison. Rien à voir avec l'Estafette de gendarmerie que j'avais cru voir...

Avant le test final, nous devons subir une épreuve de navigation en solo qui nous conduira jusqu'à l'aérodrome de Grenoble, aller et retour. Pour l'occasion, notre instructeur a loué un petit avion. J'y monte afin de suivre le premier d'entre nous. L'avion allant deux fois plus vite que l'hélico, nous évoluons à distance, faisant des boucles dans le ciel avant de revenir auprès de notre compagnon. Le vieil Hiller suit son bonhomme de chemin, rutilant comme un coq sous le soleil. Il va, peinard et flamboyant.

Lorsque mon tour arrive, la radio tombe en panne. On fait avec. Ne pouvant communiquer normalement avec l'avion, j'esquisse quelques sourires lorsqu'il passe à ma hauteur. Je joue la décontraction alors que je suis crispée comme un hérisson en boule. Je longe des falaises. Quelques deltaplanes virevoltent sur les côtés. Dans la vallée, les turbulences créées par les masses d'air chaud ballottent ma coque de noix.

Après quarante minutes de vol, j'aperçois enfin le terrain d'atterrissage. J'amorce franchement la descente. Soudain, l'avion surgit sur ma droite. Ses occupants m'adressent des gestes affolés. Je réalise alors que j'ai volé trop peu de temps pour être déjà arrivée : j'allais me tromper de terrain. La trouille m'envahit. Elle ne me quittera plus jusqu'à la fin du voyage.

Lorsque j'atterris, des curieux regardent avec incrédulité ce drôle d'appareil qui leur rend visite. Comme je descends de la cabine, les yeux s'agrandissent encore. Je cours faire viser mon carnet de vol puis je reprends les commandes et repars pour la deuxième moitié de l'épreuve. J'essuie un orage sur les derniers kilomètres. À l'atterrissage, le vent me repousse. Je dois forcer, me battre contre cette pression qui m'empêche de me poser. Mais j'y parviens finalement. Lorsque je mets pied à terre, je suis immensément fière. Et prête à affronter le test final.

Il a lieu quinze jours plus tard. Je commence par l'épreuve théorique, à Lyon. Nous sommes une quarantaine à être introduits dans une vaste pièce meublée de tables d'écoliers. On nous place selon la nature de l'examen : avion, planeur, U.L.M., hélicoptère...

Pendant trente minutes, je remplis mes grilles. Puis je les tends à l'examinateur. Il superpose le corrigé à la feuille de mes réponses. J'ai fait deux erreurs sur les quarante premières questions et un sans-faute sur les vingt autres. Hourra !

Dans la rue, je cabriole de bonheur. Je n'ai qu'une hâte : rejoindre la gare et Annecy.

Le Hiller m'attend, engoncé dans son costume rouge. L'instructeur me présente au testeur. C'est le chef de la brigade d'intervention en montagne ; un homme à la réputation de pilote exceptionnel. Durant tout l'été, l'Alouette III de la brigade a décollé jusqu'à trois fois par jour pour aller repêcher des promeneurs égarés ou en difficulté dans les montagnes. Des as accomplissant de multiples exploits, pour lesquels j'éprouve une grande admiration.

Le test dure une vingtaine de minutes. Vingt minutes d'exercices, de translations, de manœuvres au sol, en vol... Lorsque j'atterris, l'instructeur m'adresse un large sourire. Quant au testeur, il déclare seulement :

– Vous volez en sécurité, c'est bien. Maintenant, essayons l'Alouette.

Nous nous envolons droit sur les Alpes dans un appareil loué pour l'occasion. Comparée aux pistons du bon vieil Hiller, la turbine de l'Alouette fait des merveilles. Je retrouve immédiatement les gestes que j'ai appris à Pontoise. Les commandes sont douces au toucher, l'appareil répond au doigt et au pied à toutes les sollicitations.

Le testeur se penche et, désignant une bicoque ramassée sur un coin de terre hérissé de pics rocheux, ordonne :

– Posez-vous là.

– Là ?

À travers la bulle, l'aire d'atterrissage me semble minuscule.

– Mais je n'y arriverai jamais !

– Essayez !

Je tourne et tourne au-dessus de la bicoque, semblable à un aigle cherchant une proie. Puis, choisissant deux rocailles, je décide de percer là, et, tout en priant, je descends, je stabilise à deux mètres du sol, en stationnaire. Une nichée d'oiseaux noirs s'envolent, affolés.

– Vous voyez qu'on y arrive ! s'écrie le testeur. Allez, on repart ! À la verticale !

Je m'arrache. En quelques secondes, la bicoque n'est plus qu'un point à peine visible.

– On rentre, dit le testeur. Vous repartez avec le brevet et la qualif. Reposez-vous, je prends la machine.

Il sourit enfin.

– Vous êtes contente ?...

Mes mains lâchent les commandes, et mes pieds les palonniers. Ouf ! Autour, il n'y a que ciel et neige immaculée. Beautés alpines, beautés célestes... Je ferme les yeux. Quand je les rouvre, nous chutons comme une pierre en direction de la vallée. Le testeur redresse la machine à la limite des corniches puis, pendant un quart d'heure, nous entraîne dans un extraordinaire numéro de voltige. Il grimpe les falaises à un demi-mètre de la pierre, virevolte, tournoie... Une performance admirable. À l'arrière, mon instructeur rit de plaisir. Je me tourne vers lui. Il m'adresse un clin d'œil : je suis sa première élève brevetée.

LE PLAN

Après Annecy, je revins dans la banlieue parisienne. Plus exactement, à l'héliport de Saint-Cyr-l'École, que je choisis pour trois raisons : il n'était pas loin de chez moi ; n'y étant jamais venue, les risques de m'y faire reconnaître étaient réduits ; le club disposait d'une Alouette, appareil choisi pour le jour J.

Je fus une élève d'une discrétion exemplaire. Chaque fois, j'abandonnais ma voiture loin des bureaux, je prenais ma leçon (j'avais prétendu vouloir devenir pilote professionnel, ce qui me permettait de travailler les manœuvres près du sol, notamment les atterrissages et les décollages particuliers), réglais en espèces et m'éclipsais le plus rapidement possible afin qu'on n'eût pas le temps de s'intéresser à moi. Ces pratiques de semi-clandestinité m'exaspéraient d'autant plus que j'aimais les instructeurs du club, hommes de l'air rigoureux en même temps que bohèmes, exaltés et bons camarades. Ils respectaient ma discrétion, tout en se montrant aimables et attentionnés : ils appréciaient d'apprendre l'art du pilotage à une femme.

Je me rendais à Saint-Cyr une fois par mois et pas plus : je devais limiter mes dépenses aux moyens dont je disposais (toutes mes ressources étaient consacrées à l'évasion, exception faite d'une somme mensuelle de cinq mille francs que je prélevais sur ma cagnotte pour la vie quotidienne).

Au cours de l'hiver, Michel fut transféré à Bois-d'Arcy. C'était la seule des quatre prisons de la région parisienne que je ne connaissais pas encore. J'avais emprunté tous les itinéraires menant à Fleury, Fresnes ou la Santé (et maintenant Bois-d'Arcy). Les horaires des visites, les physionomies des gardiens, les règlements... : l'univers carcéral faisait partie intégrante de ma vie. Je me rappelais plus facilement les numéros de téléphone des avocats et des diverses administrations pénitentiaires auxquelles j'avais affaire que ceux de mes amis. Lesquels, d'ailleurs, m'avaient oubliée comme je les avais oubliés moi-même, trop occupée que j'étais par le sort de mon mari auquel j'avais fini par m'identifier totalement. C'était un peu comme si j'étais en prison à ses côtés, comme si les murs m'oppressaient, comme si l'humidité mortuaire des cachots pénétrait mes os à mon tour.

J'avais peur, aussi. Plus le terme approchait, plus l'angoisse me paralysait. Je la combattais comme je le pouvais, me disant que j'aimais mon mari, que je le voulais aussi libre qu'un oiseau, que personne à part moi ne saurait l'aider à se rétablir. Toutes nos divergences se trouvaient transcendées par une communion inexprimable, de celles qui unissent l'homme à sa terre, la mère à l'enfant. Il me suffisait de voir mon mari pour lire sur son visage ce que son âme commandait : indépendamment même de notre amour, il devait sortir de là.

J'avais peur de tout. La nuit, je faisais des cauchemars épouvantables. Je me voyais atterrir en catastrophe aux commandes d'un hélicoptère, l'hélicoptère prenait feu, le feu me mangeait le visage, je n'étais plus qu'un corps disloqué, calciné – et je m'éveillais, terrorisée, étouffant sous un étau qui m'avait déjà pris la gorge une fois : lors de la mort de mon frère.

Je me levais, hagarde, et j'allais regarder mes enfants dormir. Je restais auprès d'eux jusqu'à ce que la peur me quitte. Alors je regagnais ma chambre et prenais des somnifères.

Dans la journée, j'avais des visions. Une douce langueur s'emparait de moi. Je regardais les promeneurs passer sous mes fenêtres, et j'imaginais que j'allais au bras de Michel. Ou encore, le nez à la fenêtre, je contemplais les joueurs de boules qui pétanquaient dans le square voisin ; à l'approche du dîner, j'entendais les femmes héler leur mari, et je me disais à mon tour : « Dans une demi-heure j'appelle Michel. »

Folies, folies, folies...

Malgré mon désir de sauver mon mari seule, il nous apparut rapidement qu'une aide serait nécessaire. Ayant les yeux, les pieds et les mains fixés à l'hélicoptère, il me serait impossible de lâcher une corde et d'aider le fuyard à monter. Michel m'adressa donc deux personnes. La première me soutira autant de services que je pus en donner et les quelques francs que je consentis à lui remettre ; la seconde me rendit une brève visite puis disparut à son tour. Ainsi passa un hiver puis un printemps. Au terme duquel, enfin, arriva Daniel.

Il se signala par des approches auxquelles je ne prêtai tout d'abord aucune attention. Il y eut un premier coup de téléphone, auquel Myriam répondit, puis un deuxième, quinze jours plus tard. Chaque fois, ma fille me disait : « Un monsieur t'a demandée. Il rappellera. » Un jour, je trouvai sous ma porte un billet par lequel un certain Daniel me demandait de lui téléphoner, à midi de préférence. J'en parlai à Michel. Son visage s'éclaira.

– Contacte-le. C'est un type formidable.

Huit jours plus tard, l'inconnu me donnait rendez-vous au buffet de la gare de Versailles. Lorsque j'arrivai, il faisait des mots croisés, assis seul à une table. C'était le signe convenu. Je m'approchai. L'homme était grand et mince, d'allure modeste. Nous nous présentâmes. À peine étais-je assise face à lui qu'il me demanda des nouvelles de mon mari. Je lui en donnai. À cours de la conversation, j'essayais de comprendre pourquoi il tenait à nous aider, quelles étaient ses motivations.

Il n'en avait aucune.

– J'aime Michel, voilà tout. Si vous avez besoin de moi, je suis à votre service.

Et ce fut tout. Il exprima un sentiment très simple qui, finalement, rejoignait le mien. Je compris que c'était un homme aussi démuni que moi face à la société. Il s'exprimait sans fioritures et n'exigeait aucun avantage en contrepartie de ses services. Il me plut. Je le quittai en songeant que nous formerions lui et moi l'équipage le moins intéressé qui fût.

Était-ce un signe du destin ? Peu après notre entrevue, Michel revint à la Santé, comme détenu ordinaire. Son nouveau statut ne changeait rien à nos plans (nous avions prévu toutes les hypothèses y compris celle de l'isolement), mais il le facilitait d'autant. Dès lors, nous décidâmes de ne plus attendre et de passer à l'action aussi vite que possible. De toute façon, nous ne pouvions prolonger cette période de préparation : l'argent de la cagnotte s'était si bien épuisé que j'avais dû reprendre du service dans une société de secrétariat par intérim.

Le plan de Michel était très simple. Au moins sur le papier. Il comptait s'évader depuis la cour de promenade. Celle-ci se situe dans l'angle formé par les bâtiments des première et troisième divisions. Il escaladerait la façade reliant les deux divisions, atteindrait la passerelle de surveillance, en surplomb, déboucherait sur la guérite du gardien de faction. C'était là l'étape la plus délicate de l'évasion. Car s'il était possible que le maton ne voie rien de l'escalade tant que Michel resterait collé au mur du bâtiment, il ne pouvait ignorer la suite de notre plan. Pour s'évader, il fallait enjamber la passerelle puis la suivre pour accéder au toit de la troisième division, que nous avions choisi comme point de récupération.

– Comment feras-tu quand tu te trouveras face au gardien ? demandai-je à Michel.

– J'aviserai. On verra bien...

– S'il te pousse ?

– Je tombe.

Il me regardait en souriant et ajoutait :

– Mais je ne tomberai pas...

Il grimperait le long des murs, de fenêtre en fenêtre, grâce à du matériel que nous lui jetterions depuis l'hélicoptère : une corde reliée à un crochet conçu pour être fixé aux barreaux des cellules ; une canne à pêche télescopique permettant de hisser la corde jusqu'aux premières fenêtres, distantes de deux mètres cinquante du sol. Il faudrait faire vite. Nous travaillerions dans un angle mort, mais au moins deux miradors sur les quatre de la prison auraient repéré l'approche de l'appareil.

La passerelle franchie, Michel comptait ramper sur le toit jusqu'à une cheminée en fer-blanc, qui constituait notre point de ralliement.

– Le toit est recouvert d'une verrière, objectai-je.

– Il y a une armature métallique. Je marcherai dessus.

– Et si tu dérapes ?

– Je tombe.

Il me regardait en souriant et répétait gentiment :

– Mais je ne tomberai pas.

Je travaillai tout un mois avec Daniel. Je lui en disais le moins possible. Il me posait quelques questions auxquelles je répondais évasivement. Il n'insistait jamais, se contentant d'enregistrer les informations que je distillais au compte-gouttes. Les jours passant, ma confiance en lui se renforçait. Nous devînmes de vrais copains. Jamais il ne me fit faux bond. Il était le seul homme que je tutoyais : jusqu'alors, je m'étais conformée au vieux code du milieu qui veut que les hommes vouvoient les femmes et inversement.

Il se moquait gentiment de moi quand j'arrivais en retard à nos rendez-vous ou que je garais mal ma voiture. Lorsqu'il vint chez moi la première fois, il considéra avec surprise les meubles de récupération qui constituaient mon mobilier et s'écria : « Mais on campe, ici ! »

Je fis seule les repérages aux abords de la prison et du côté de la porte de Gentilly. Je passais des journées entières à la Cité universitaire, où j'avais choisi d'atterrir. Située boulevard Jourdan, entre les portes d'Orléans et de Gentilly, cette cité cosmopolite est abritée au cœur d'un grand espace vert. Je franchissais un alignement d'immeubles cossus de style baroque (et assez laids), croisais des jeunes gens qui marchaient d'un pas rapide, et, enfin, débouchais sur un magnifique parc planté d'arbres séculaires. Plus loin, il y avait un château. Et sur son parvis, une pelouse. Une immense pelouse, parfaitement régulière, idéale comme terrain d'atterrissage. J'avais décidé que j'y poserais l'Alouette et que nous commencerions notre cavale ici, en plein cœur de Paris.

Que ferions-nous ?

Traverser la pelouse, courir dans les allées jusqu'à la sortie, retrouver la voiture et s'évanouir sur le boulevard ? Trop hasardeux. Il fallait faire plus simple.

Un jour que j'arpentais le parc de la Cité, je remarquai une passerelle proche qui enjambait le périphérique. Je la suivis. Elle conduisait à une rue à partir de laquelle on pouvait revenir sur Paris ou disparaître dans les banlieues. Il faudrait placer une voiture ici et une autre plus loin pour changer de véhicule afin de brouiller les pistes. Après, la chance ou la malchance serait notre seule compagne...

Lorsque j'eus mis au point un itinéraire de repli, j'emmenai Daniel devant la Santé. Je voulais qu'il découvre la prison depuis mon poste d'observation habituel. Nous montâmes au sixième étage de l'immeuble qui faisait face aux bâtiments.

– On ne peut pas aller plus haut ?

– Je ne crois pas.

– Attends...

Daniel grimpa encore d'un demi-étage, s'arrêta devant une porte verrouillée, fouilla dans les coins et recoins et revint vers moi, un grand sourire aux lèvres.

Il tenait un trousseau de clés à la main.

– Allons sur la terrasse !

Je le considérai bouche bée.

– Les gars des ascenseurs laissent parfois leurs clés sur place. Ça simplifie leur travail...

De la terrasse, la vue était extraordinaire. L'énorme bâtisse s'exhibait sans pudeur, bordée d'un côté par le moutonnement des marronniers du boulevard Arago et, de l'autre, par la tranchée de la rue de la Santé. À une trentaine de mètres sur la droite, une grue orange émergeait des toits.

– Regarde bien cette grue, dis-je à Daniel. Ce sera le point de repère. Et aussi la petite cheminée en fer-blanc qu'on voit là-bas.

Je tendis le bras. Daniel ne broncha pas. Nous observâmes la prison, ses murs, ses cours, ses divisions, puis nous quittâmes la terrasse et redescendîmes sur terre.

De retour à la maison, j'étalai sur la table le croquis de la Santé. Tout ce que nous venions de voir était minutieusement représenté.

– On le fait en hélico, c'est ça ? demanda Daniel.

– Oui.

Il ne fit aucune observation. J'attendais une question qui ne vint pas. Il regardait le plan, imperturbable. Je lui montrai une croix.

– Ça, c'est la cour où on larguera le matériel. Pendant la promenade.

Je désignai un deuxième point.

– Ici, c'est le toit de la troisième division. À côté, il y a la petite cheminée en fer-blanc. L'hélicoptère attendra là pendant que Michel terminera son escalade.

Daniel posa son doigt sur une croix rouge, à l'extérieur du mur d'enceinte.

– Et ça ?

– C'est la grue. Elle permettra au pilote de s'orienter : on la voit de loin.

Il montra un tracé qui partait de la Santé pour aboutir au ras de la page.

– C'est le chemin qui va de la prison au périphérique, expliquai-je. On n'a pas le droit de survoler Paris en hélicoptère. Il y a des itinéraires obligatoires. Là – je posai le doigt sur une nouvelle croix –, c'est une église. Je l'appelle l'église aux Anges parce qu'elle exhibe fièrement quatre anges en bronze. Quand on arrive dessus, il faut tourner à gauche toute, quitter la ceinture parisienne et foncer sur la Santé. À partir de ce moment-là, on sera en irrégularité.

– Qui sera le pilote ? demanda Daniel en se penchant davantage sur le plan.

– Quelqu'un de sûr, dis-je rapidement.

– Il ne faudra pas le forcer ?

– Non.

– Il est aussi motivé que nous ? Il tient lui aussi à faire libérer Michel ?

– Oui. Il n'y aura pas de problème...

– Alors reste chez toi et laisse-nous faire, dit Daniel en se tournant brusquement vers moi. Ne prends pas de risques. On montera à deux sur le coucou et on te ramènera ton bonhomme.

Je secouai négativement la tête. J'éprouvais quelque difficulté à parler.

– Es-tu déjà monté en hélicoptère ? demandai-je après quelques secondes de silence. Parce qu'il faudrait que tu le fasses au moins une fois. Pour t'habituer à l'engin...

Je réservai un vol pour le surlendemain. Daniel passa me chercher au petit matin. Comme d'habitude, il avait pris ses précautions pour que personne ne le voie entrer dans l'immeuble. Nous fîmes la route en silence. Lorsque nous arrivâmes à l'héliport, il regarda les appareils. Les pistes étaient désertes. Nous sortîmes de la voiture.

– Où est ton pilote ?

Je le regardai droit dans les yeux.

– Le pilote, c'est moi.

Il m'observa, incrédule.

– C'est moi, répétai-je en plaçant mon brevet sous son nez. J'ai appris...

Il s'empara du document, le considéra avec attention, leva le regard sur moi, revint au document...

– Mais... Hélène ? ce n'est pas toi, bredouilla-t-il.

– J'ai été obligée de prendre un faux nom...

Il resta longtemps sans réaction puis, brusquement, éclata d'un rire qui alla s'amplifiant dans le brouillard du matin. J'attendis qu'il se fût calmé pour poser la question décisive : renoncerait-il sous prétexte que le pilote était une femme ? Il me prit par le bras.

– Allons voir comment tu te débrouilles...

Je fis aussi bien que possible. Assis à ma gauche, Daniel ne mouftait pas. Comme toujours lorsque j'étais aux commandes, une boule me bouffait le ventre. Je trompai mon angoisse en commentant les grandes lignes de notre itinéraire. J'avais décidé d'atteindre Paris par la fourche de Rocquencourt plutôt que par Meudon : le survol de l'autoroute m'effrayait moins que celui de la forêt.

J'étais si occupée à anticiper le parcours que je perdis de l'altitude en arrivant au-dessus de la porte de Saint-Cloud. Les usines Renault campaient sur la Seine. Un doute me prit : devais-je pousser jusque-là pour rattraper le boulevard périphérique ?

Je trichai en coupant de biais. Dans mes écouteurs, la tour de contrôle d'Issy-les-Moulineaux resta silencieuse. Je n'étais donc pas sortie des limites imparties...

Je repris de l'altitude et nous poursuivîmes notre voyage. Daniel regardait droit devant lui sans proférer une parole. Je ne voyais pas son visage. Les portes de Paris défilaient si vite que je ne parvenais pas à les identifier. Lorsque j'aperçus l'église des Anges, je tournai la tête vers la gauche. La prison ne se distinguait pas du lavis grisâtre que nous survolions.

Je poussai jusqu'à la porte d'Italie, après quoi j'annonçai par radio que je faisais demi-tour. Quand je repassai au-dessus de l'église, je distinguai très nettement les tours de la Santé – sur ma droite, cette fois. Je les montrai à Daniel. Puis nous reprîmes les airs jusqu'à l'héliport.

Je fis un atterrissage correct. J'amenai l'Alouette en translation jusqu'aux hangars. Le patron du club m'attendait devant la porte. Daniel descendit rapidement.

– Je te retrouve à la voiture ! dit-il en s'éclipsant.

J'allai vers l'aviateur en chef. Il avait la mine sévère.

– Issy-les-Moulineaux a appelé. Vous voliez trop bas.

– Mais ils ne m'ont rien dit !

– Ils ne préviennent pas toujours. La prochaine fois, faites attention...

J'allai régler mon heure de vol, puis je rejoignis Daniel dans la voiture. Je lui demandai s'il avait eu peur. Il répondit que non.

– Eh bien, tu n'es pas comme moi ! m'écriai-je en démarrant. Chaque fois que je monte dans cet engin, j'ai une trouille pas possible !

– Normal, fit Daniel avec philosophie. Pour les casses, on a toujours peur avant. Quand on est dessus, ça passe.

Nous roulâmes en silence pendant quelques minutes. Puis, de ma plus petite voix, je demandai :

– Alors ? T'es toujours d'accord pour qu'on fasse le coup à deux ?

Daniel se tourna vers moi. Il souriait. Il posa sa main sur mon épaule et dit :

– On les aura.

J'accélérai.

UN DIMANCHE EN MAI

– Quand ?

Je venais de ranger le plan de la prison que nous avions consulté pour la centième fois au moins.

– Le plus vite possible, répondis-je. Il est à la Santé depuis trois mois. On risque de le transférer du jour au lendemain.

– Ce serait plus facile ailleurs ?

– Ce serait pareil. Sauf qu'à la Santé, les repérages sont faits. Autrement, qu'il soit à Fleury ou à Fresnes, à l'isolement ou en régime ordinaire, ça ne change rien : on a tout prévu.

– Il faut choisir un dimanche, dit Daniel en posant ses deux coudes sur la table. Le dimanche, il y a moins de mouvement. Les matons sont plus décontractés.

– Et moins nombreux, ajoutai-je...

– Dimanche... Quel jour vas-tu au parloir ?

– Le vendredi.

– Si tu le vois le vendredi, on est sûr qu'il n'aura pas été transféré le dimanche. Donc, c'est le bon jour.

Je me levai et allai chercher un calendrier. Je le posai entre nous. J'avais le sentiment de vivre un moment très important. J'étais émue.

– On a besoin d'une semaine pour préparer le matériel, dit Daniel en tirant le calendrier à lui.

– Attends...

Il leva le visage et m'interrogea du regard.

– Daniel, il faut que tu réfléchisses bien. Beaucoup, je veux dire.

Je m'assis face à lui et le regardai fixement.

– C'est une opération très délicate. Très difficile. La prison est en plein Paris. Si nous ne synchronisons pas tous nos gestes à la seconde même, on rate. Et on ne peut rien répéter. On le fera une fois, et c'est tout. Les risques sont considérables.

Il repoussa ma main et attira le calendrier à lui. Son doigt descendit le long des colonnes.

– J'y ai déjà réfléchi, murmurai-je. Ce sera pour le 11 mai.

Le doigt s'arrêta. Daniel m'observa sans mot dire. Puis il lâcha :

– D'accord pour le 11 mai.

Michel était prêt. Depuis plusieurs semaines il faisait de la culture physique et répétait par-devers soi les gestes qu'il aurait à accomplir le jour J. Par un courrier détourné, il me communiqua ses ultimes instructions. Celles-ci concernaient le seul problème que nous n'avions pas encore abordé :

les armes. Il en proposait de factices. Je les refusai.

Nous consacrâmes une heure de parloir à débattre de cette question. La compréhension était d'autant plus malaisée que nous nous exprimions par mimiques ou en recourant à des mots sortis de leur contexte (à l'époque, les parloirs séparés par une vitre étaient toujours de mise à la Santé). L'argument de Michel était simple et, *a priori*, imparable : si le gardien de surveillance sur la passerelle s'interposait et le repoussait dans le vide, c'en était fait de lui, de Daniel et de moi. Je fis la grimace, mais il avait bien évidemment raison.

– Nous sommes en mai, dis-je, pas à Noël ! Où veux-tu que je trouve de tels joujoux ? !

Il ouvrit grande la bouche, la referma, plissa les lèvres. Je compris : « Maquettes. » J'acquiesçai. Il se souleva de son tabouret, cala le coude droit contre sa poitrine, et tendit légèrement le bras gauche en avant. Sur ses lèvres, je lus : « Pistolet-mitrailleur. » J'approuvai une nouvelle fois. Il me fit comprendre que Daniel devait exhiber l'arme depuis l'hélicoptère, la braquer sur le gardien et balayer devant lui. Ce n'était pas tout. Dans le sac que nous lui lancerions devrait se trouver une réplique parfaite d'arme de poing. Il me fit signe d'approcher de la vitre. Il traça des lettres imaginaires que je sus décrypter : armurier, modèle « Quasi-arme ».

– D'accord, dis-je à voix haute. Je m'occuperai de cela.

– Et les filles ?

– Les filles vont bien, répondis-je.
– Tu as prévu de les mettre en colonie ?
– J'y ai pensé...

La fin du parloir nous empêcha de poursuivre notre discussion. Mais j'avais compris l'essentiel : Michel me demandait de veiller à la sécurité des enfants.

Daniel et moi nous occupâmes du matériel. Nous fîmes nos emplettes. Je choisis une corde en fibre synthétique d'une résistance de deux tonnes (nous en serrâmes les doubles nœuds nous-mêmes). J'achetai également une canne à pêche télescopique en fibre de verre, de la mousse et divers objets utiles. Pendant une semaine, profitant de l'école des enfants, Daniel et moi jouâmes les bricoleurs du dimanche. Nous fixâmes le crochet spécialement conçu pour s'accrocher aux barreaux à l'extrémité de la canne. Nous le liâmes grâce à des bandes de caoutchouc découpées dans une chambre à air. Daniel glissa l'extrémité de la corde à l'intérieur de la pièce métallique. Cette corde fut pliée et repliée puis attachée à la canne grâce à des bandes élastiques qu'un coup sec suffisait à rompre. Dans toute sa longueur, la canne mesurait trois mètres. Repliée, elle ne dépassait pas les quatre-vingts centimètres.

Je passai une matinée entière dans les rayons d'un grand magasin de sport, cherchant le meilleur sac pour un objet fragile et long de quatre-vingts centimètres. Un soin particulier devait être apporté au conditionnement de la canne, du crochet et de la corde, qui seraient largués d'une quinzaine de mètres. Finalement, aux sacs de golf, de tennis et autres, je préférai un étui pour fusil de chasse doté d'un capitonnage *ad hoc* et d'une bonne fermeture Éclair. Je renforçai la protection par deux couches de mousse supplémentaires achetées hors de prix chez un matelassier. Puis, Michel ayant recommandé de lester le sac en sorte qu'il tombe verticalement et du côté le moins fragile, je plaçai deux robinets en plomb et cuivre dans l'étui.

Je découvris facilement la réplique d'arme de poing demandée par Michel. Pour le pistolet-mitrailleur, ce fut une autre affaire. En ce mois de mai, Rambo ne faisait pas recette à l'étalage des magasins. Suivant le conseil de Michel, je me rabattis donc sur les boutiques de modélisme. Je découvris une mitraillette M16, modèle unique, vendue sept cents francs (ce qui pesait lourd dans mon budget). Je passai deux nuits à la monter. Craignant que le moindre oubli ne rendît l'engin plus fragile, je m'obligeai à placer toutes les pièces, ressorts, vis, rondelles... Lorsque j'eus fini, j'exhibai fièrement l'arme sous le nez de Daniel.

– Une comme ça, t'en verras pas souvent !

– Et le reste ?

Il montra notre attirail.

– Dans un musée de l'évasion, on remporterait la palme ! Armes en plastique, canne à pêche, résidus de chambres à air, ferraille de récupération !...

Nous éclatâmes de rire. Il était près de seize heures. Nous remballâmes nos trésors. Daniel s'évanouit dans la nature et, comme chaque jour, j'abandonnai mon personnage d'« évadeuse » pour celui, bien moins risqué, de mère de famille modèle.

Lorsque le matériel fut définitivement prêt, je le testai. Je me rendis un soir dans le petit bois proche de chez moi. Je dépliai la canne à pêche, fixai le crochet à une branche d'arbre et me laissai pendre à la corde. Elle tint bon. Je me hissai à la force des poignets, donnai quelques coups, fis deux ou trois tractions. Le système semblait d'une solidité à toute épreuve. Je rangeai mon attirail dans l'étui à fusil et me consacrai à la deuxième partie de l'opération : l'atterrissage.

Je revins une dernière fois sur la pelouse de la Cité universitaire. Je déterminai avec exactitude le point d'atterrissage et m'assis dans l'herbe. Derrière moi, j'entendais le flot de la circulation sur le boulevard périphérique. Je cherchai mes repères. Le château se trouvait exactement dans l'axe de l'église aux Anges ; la Santé se situait sur la même trajectoire, un peu plus loin. Il me fallait donc suivre le périphérique jusqu'à l'église aux Anges, prendre à gauche sur Paris, « couper » le château, voler au-dessus de la prison et revenir ici, à l'endroit même où je me promenais.

Les risques réels commenceraient dès lors que j'aurais quitté le boulevard périphérique pour Paris *intra-muros*, espace strictement interdit à tout appareil civil. Comment réagirait la police de l'air ? Dans ce domaine, nous ne pouvions qu'émettre des hypothèses. Durant les premières minutes, on penserait probablement à une défaillance technique. Si je parvenais à voler suffisamment bas pour échapper aux radars, on croirait sans doute que j'avais fait un atterrissage d'urgence sur l'une des aires réservées à cet effet. Avec de la chance, je disposerais donc d'un laps de temps suffisant pour rallier la Santé. Une fois au-dessus de la prison, l'évasion serait évidemment signalée. Le temps que les ordres soient transmis et que les autorités interviennent me laissait une marge de manœuvre supplémentaire. Quelques secondes, pas davantage, que je devais mettre à profit pour disparaître. On nous chercherait en l'air alors que nous serions déjà à terre.

Je quittai la Cité universitaire et cherchai une cabine téléphonique. Je téléphonai à l'héliport de Saint-Cyr afin de m'assurer que l'Alouette m'était toujours réservée pour le dimanche matin. Et là, patatras ! j'appris qu'elle serait indisponible ce jour-là : baptêmes aériens. J'encaissai.

– Quand pourrai-je l'avoir ? demandai-je sur un ton aussi dégagé que possible.

– Lundi.

J'hésitai à peine.

– Va pour lundi. Je vous rappelle vendredi pour vous donner l'heure...

Vendredi, je vis Michel au parloir de la Santé. Je lui annonçai la nouvelle : il fallait décaler d'une journée.

– Lundi ? demanda-t-il.

J'acquiesçai. Il réfléchit un court instant puis fit mine de compter sur ses doigts. Je lus dix heures trente.

– Pas plus tard, dit-il. À quarante-cinq, on remonte en cellule.

– D'accord...

Je m'assurai que les gardiens ne nous observaient pas, et, des profondeurs de mes vêtements, je sortis un mot que j'avais préparé la veille : « Le faux pistolet sera dans le sac ainsi qu'une bombe lacrymogène. Comment feras-tu pour monter avec le pétard ? »

Il lut et répondit laconiquement :

– Entre les dents.

Je louai une voiture. Rouge vif : il n'y en avait aucune autre. Daniel vint la chercher avec moi. Par précaution, il ne se montra pas. Il me suivit, au volant de ma propre auto. Je garai le véhicule de location dans ma cité, suffisamment loin de chez moi pour ne pas attirer l'attention des voisins. Je repris le volant de ma propre voiture, déposai Daniel dans la rue et vins me garer devant mon immeuble. Dix minutes plus tard, il me rejoignit. Nous vérifiâmes le matériel. J'avais ajouté une corde de quinze mètres de long que nous garderions dans l'hélicoptère, prêts à la lancer si la canne à pêche ne remplissait pas son office. Nous emballâmes soigneusement notre attirail. Daniel me donna rendez-vous le lendemain soir. Dimanche.

– On ira placer la voiture de location au bas de la passerelle de la Cité universitaire, dit-il. Pour être d'attaque lundi matin.

Nous nous quittâmes tendus.

Le lendemain, en fin d'après-midi, je déposai mes filles chez ma mère. Je prétextai une fatigue, un malaise.

– Je ne sais pas si je pourrai me lever demain matin pour les emmener à l'école. Tu le ferais à ma place ?

Elle le ferait, bien sûr. J'embrassai ma petite famille avec une émotion que je m'efforçai de dissimuler. Je ne savais pas quand je reverrais mon petit monde.

De retour chez moi, j'attendis. À neuf heures, Daniel n'était toujours pas là. Je tournais en rond dans mon petit appartement, le cœur battant, les nerfs en boule. Et s'il était arrivé quelque chose ?

Il téléphona à minuit.

– Excuse-moi, Nadine, j'ai été retenu... On se retrouve porte de Châtillon. Je t'attendrai devant le métro.

Il était beaucoup trop tard. J'avais besoin de dormir. Daniel promit de me réveiller lui-même le lendemain à sept heures précises. Nous placerions alors la voiture à l'endroit que nous avions prévu.

Depuis des mois, mon organisme était habitué aux somnifères. Je n'en pris pas cette nuit-là, de peur de ne pouvoir me réveiller. À six heures, lorsque j'ouvris l'œil, j'avais l'impression d'avoir été broyée dans un concasseur. J'étais moulue.

Je pris une douche. Daniel arriva à sept heures et demie. Il avait le visage gonflé.

– Tu n'as pas dormi ?

– Mal. Et toi ?

– Pas mieux, probablement.

Il esquissa un sourire, prit les sacs dans lesquels j'avais rangé nos affaires, et nous quittâmes l'appartement.

– Tu me suis, dit Daniel.

Je montai dans ma voiture tandis qu'il gagnait l'auto de location. Il roulait plus vite que moi. Il n'y avait pas grand monde sur la nationale et nous allions vite. Quelques kilomètres avant la porte de Châtillon, les choses commencèrent à se gâter. Les camions de livraison se traînaient, les bennes à ordures ralentissaient la circulation. Le bouchon n'était pas loin. Je trépignais. La fatigue me piquait les yeux. Je me demandais ce que je faisais là, si tout cela n'était pas une farce incroyable. Je pensais à Michel. Aux enfants aussi.

À huit heures quarante-cinq, nous arrivâmes à l'emplacement choisi pour la voiture. Nous la parquâmes puis, ensemble dans la même auto, nous fonçâmes vers l'autoroute de l'Ouest. Porte de Versailles, un embouteillage nous arrêta. Je comptais les minutes. Il était neuf heures quinze lorsque, enfin, la route s'ouvrit devant nous. Je comptais les secondes. Nous fûmes de nouveau bloqués sous le tunnel de Saint-Cloud. À Vaucresson, je compris que c'était foutu.

– On rentre, dis-je. Ce n'est plus la peine.

– Essayons...

À onze heures, nous étions à Saint-Cyr. Sur l'héliport, l'Alouette m'attendait. Il était trop tard. Depuis quinze minutes, Michel était retourné dans sa cellule.

HAPPY BIRTHDAY

Je n'ai pas bougé de chez moi pendant quatre jours. Le matin, j'accompagnais les enfants à l'école puis je rentrais me coucher. À nouveau, j'étais la proie du désespoir. Le jeudi, je repris quelque force, et le vendredi, comme j'entrais dans le parloir, je compris que nous n'avions pas d'autre choix que de recommencer. Et je décidai de remettre ça huit jours plus tard.

Michel était malheureux. Nous avions pensé à tout sauf aux impondérables.

– Il y en a un que nous pouvons éviter, m'expliqua-t-il dans notre langage codé.

Avant de m'envoler de Saint-Cyr, je devais impérativement vérifier qu'il se trouvait bien dans la cour de promenade : il n'était pas à l'abri d'un transfert, d'une convocation au greffe ou au parloir avocats, d'une décision quelconque de l'administration pénitentiaire. De son côté, il avait besoin d'être informé du départ de l'hélicoptère.

– Il faut une troisième personne, murmura-t-il, les lèvres collées à la paroi de plastique. Connais-tu quelqu'un ?

– Je trouverai...

Nous avions besoin d'un intermédiaire qui m'assurerait que Michel se trouvait bien dans la cour et l'avertirait qu'à Saint-Cyr nous étions prêts. Durant deux jours, mon mari avait tourné et retourné ce problème dans sa tête. Comme d'habitude, il avait trouvé une solution. Il s'habillerait de la manière la plus voyante possible. Il porterait un sweat-shirt rouge, un pantalon de survêtement bleu pétrole orné de bandes latérales rouges et de chaussettes montantes de même couleur. L'intermédiaire devait monter au sixième étage « de l'immeuble d'en face » et le chercher des yeux. Si tout allait bien, Michel serait dans la cour à neuf heures quarante-cinq. Selon nos plans, l'hélicoptère devait décoller à dix heures de Saint-Cyr.

– La personne aura un quart d'heure pour t'appeler et te dire que je suis là.

– Où ?

Sur la vitre, Michel traça les huit lettres du mot héliport.

– Il y a une cabine ?

J'acquiesçai.

– Un quart d'heure pour te joindre et remonter sur son perchoir.

S'il n'y avait aucun accroc, l'intermédiaire devait remonter au sixième et exhiber un carton rouge.

– Tu le verras ? demandai-je.

– J'ai vérifié...

Je souris.

– Il y a autre chose... reprit Michel.

Il ne voulait pas que nous prenions le risque d'emporter les sacs dans l'hélicoptère : ils pourraient attirer l'attention. Il nous conseillait de les dissimuler avant et de découvrir un moyen pour les récupérer.

– Tu penses à tout, dis-je avec un sourire contracté.

– Je pense à demain.

– Demain, c'est mon anniversaire.

– Tu te trompes de vingt-quatre heures. Ton anniversaire, c'est dimanche...

J'avais trente-deux ans. Mon anniversaire tombait le jour de la fête des mères. La veille, j'avais parlé du carton rouge à Daniel. Il m'avait promis d'envoyer un de ses amis au sixième étage et de lui communiquer le numéro de téléphone de la cabine de l'héliport. De ce côté-là, la situation semblait verrouillée.

Dimanche 25 mai, à l'aube, je quittai la maison pour chercher un endroit où dissimuler les sacs avant le décollage. Il me fallait une surface dégagée où poser l'hélicoptère afin de récupérer le matériel. Je me rendis à Saint-Cyr et sillonnai la campagne aux abords du terrain. Comme je roulais sur une route à travers bois, j'aperçus une grande tache jaune en surplomb. Je m'aventurai sur des chemins creux et découvris une carrière encombrée par des engins de terrassement au repos. On eût dit des carcasses abandonnées dans le désert.

Un peu au-delà, il y avait le plateau que j'avais repéré depuis la route. L'endroit était idéal.

Je fis un crochet jusqu'à l'héliport afin de m'orienter par rapport au terrain. Il était près de dix heures lorsque je pris la route du retour.

Les petites étaient encore en pyjama ; elles jouaient avec leurs poupées dans la salle à manger. Il régnait dans l'appartement une atmosphère étrange, faite de deux couches d'air contradictoires que j'étais sans doute seule à apprécier : les filles attendaient la venue de leur grand-mère, de leur tante et de leurs cousins pour fêter mon anniversaire ; je ne pensais qu'à l'évasion. À quinze heures, lorsque le reste de la famille arriverait, je souhaitais pouvoir oublier Michel, l'hélico, l'église aux Anges. Pas facile.

Il me restait du pain sur la planche. Je téléphonai à Daniel et lui demandai de venir dare-dare chez moi. À peine fut-il entré que je l'entraînais dehors, laissant le canard, le champagne et les gâteaux aux soins de mes filles.

– Vite... J'ai trouvé un endroit où cacher les sacs. Je veux te montrer. Je dois être de retour à quinze heures...

Nous sautâmes dans ma voiture. Il nous fallut à peine vingt minutes pour retrouver le bois. J'indiquai à Daniel le chemin conduisant au plateau. Il se débrouilla beaucoup mieux que moi dans les ornières. Il arrêta la voiture près d'une pelleteuse et regarda autour de lui.

– Tu pourras te poser là ?

– Oui.

– C'est un détour ?

– À peine.

– Allons voir...

Nous descendîmes de voiture. Daniel explora les bosquets. Il en choisit trois derrière lesquels nous dissimulerions nos sacs.

– On reviendra demain matin, juste avant d'aller chercher l'hélicoptère.

– Et la voiture ?

– Cette fois-ci, on la placera la veille.

Pour faire des économies, nous avions rendu celle que nous avions louée la semaine précédente. Je l'avais reprise la veille. Elle avait retrouvé sa place dans la cité, non loin de mon immeuble.

– C'est bon pour aujourd'hui, dit Daniel en s'installant derrière le volant. Maintenant on se repose. Demain, on monte à l'attaque.

– J'espère qu'on gagnera...

– On gagnera, c'est sûr !

Il avait parlé sur un ton enjoué qui me donna du courage. J'eus une pensée émue pour Michel. À cette heure, enfermé dans sa cellule, il pensait certainement à nous. À moi. À mon anniversaire. À demain...

Lorsque j'ouvris la porte de chez moi, résonna un cri que j'avais attendu et pour lequel je m'étais tant bien que mal préparée. Les enfants se précipitèrent vers moi. Ma belle-sœur ouvrait une bouteille de champagne.

– Joyeux anniversaire ! Joyeux anniversaire !

Je les pris dans mes bras, tous, mes filles, les enfants de mon frère.

– Joyeux anniversaire !

J'entrai dans la salle à manger. Ma mère me regardait en souriant. Ma belle-sœur versait le champagne dans les coupes. Il n'y avait pas d'homme chez nous. Brusquement, je pensai à Gilles. Et mon cœur se serra.

L'ÉVASION

J'ai mal dormi. Et peu. Durant une grande partie de la nuit, j'ai observé le ciel. Il s'est éclairci lentement, sous la lune. Il fera beau. Il fait beau. Dans l'appartement silencieux, nul bruit ne me parvient, sinon la respiration de l'horloge et celle, plus réconfortante, de la machine à café qui libère ses gros bouillons. La cuisine sent le caramel.

Myriam dort dans la chambre d'en face. Cathy est chez sa grand-mère. Je ne veux pas que mon aînée manque l'école ce matin. Peut-être aurais-je dû lui parler : « Ma chérie, je vais chercher papa. Après, j'irai en prison, mais pas longtemps. On se reverra bientôt... »

Je n'ai pas eu le courage d'ouvrir la bouche. Pas eu la force d'expliquer mon sacrifice. Qu'est-ce qu'un enfant peut comprendre à cela ? « Ma chérie, je sauve papa parce que je ne veux pas qu'il vive enfermé. Mais je ne resterai pas avec lui. Je me rendrai à la police. C'est la seule manière de vous retrouver vite. »

À quatre heures et demie, Myriam rejoindra sa sœur. Alors, tout le monde saura. Ma mère, une fois encore, se dévouera à la famille.

Mes filles ne reviendront pas dans cet appartement qui, dans quelques heures à peine, sera envahi par les policiers. On dépouillera ma maison comme s'il s'agissait d'un cadavre. Rien ne sera épargné : pas le moindre tiroir, la moindre étagère... J'ai prévu tout cela. J'ai passé des heures à faire le ménage à fond. Je ne veux pas qu'en plus, on dise que c'était sale chez moi.

Je grelotte. La peur. Trois sacs sont alignés dans le couloir. Ils contiennent le matériel, quelques affaires pour Michel et pour moi. Il y a une malle, aussi. Mais elle est vide. Je l'avais remplie quelques jours auparavant avec mes vêtements et ceux des filles. Un éclair, un désir fou : celui de suivre Michel, fût-ce au bout du monde. Hier soir, je l'ai vidée. Il ne faut pas rêver...

Dans la chambre, j'enfile un jean et un pull rose indien. Puis je dissimule ma tenue « civile » sous une combinaison de pilote. Mes gestes sont lourds, imprécis. Je tremble légèrement. Dans la salle de bains, je mouille mes cheveux, je les serre derrière la nuque, je relève la mèche et me coiffe d'un béret. La glace m'offre la silhouette d'un homme. C'est le but recherché.

Lorsqu'on frappe, j'enlève mon couvre-chef et me précipite à la porte. C'est Daniel. Il est sept heures.

– Mets tes gants, dis-je avant de le laisser entrer. J'ai nettoyé partout, il n'y a plus d'empreintes.

– Ils sont dans la voiture. Je les ai oubliés...

– Alors ne touche à rien.

Je m'écarte pour le laisser passer.

– Tu es prête ?

Je lui montre les sacs alignés dans le couloir.

– Il y a tout : le matériel à larguer, la corde de secours et la carte aérienne.

Comme il se penche pour prendre le M16, je l'arrête d'un geste sec.

– Ne laisse pas traîner tes empreintes ! Je vais le mettre dans du papier journal...

– Et ça ? demande-t-il en désignant un sac-poubelle. Qu'est-ce que c'est ?

– Les matériels que nous n'avons pas utilisés. On les jettera dans une benne éloignée.

Je l'entraîne dans la cuisine et lui sers un café. Pendant qu'il le boit, je prends un chiffon et essuie la poignée de la porte d'entrée ainsi que le chambranle. Je fais de même sur la table de la cuisine les dossiers des chaises, la cafetière, un tabouret... Enfin, quand il a fini sa tasse, je la lave soigneusement et la dépose sur l'égouttoir.

– Tu es une professionnelle, se moque-t-il.

Je ne réponds pas. Nous passons dans le couloir. Je tends une écharpe à Daniel.

– Enroule tes mains dedans et porte les sacs dans la voiture...

– Une pro ! répète-t-il, un petit sourire aux lèvres.

– Attends...

J'ouvre une fenêtre et regarde devant l'immeuble. Deux hommes promènent leur chien, une voiture démarre, une femme pousse un volet...

– Vas-y, dis-je en me retournant. Il n'y a rien d'anormal. Je te rejoins dans cinq minutes.

Il sort. Je le suis du regard. Il longe les bâtiments et prend la première allée à droite. Je me décolle de la fenêtre et gagne la chambre de Myriam. Elle dort. Je m'assieds sur son lit et enfouis mon visage dans ses cheveux. Ma fille a l'odeur douce de l'enfance. Ma fille a le souffle long des poupées. Je la caresse aussi tendrement que possible. Elle geint.

– Nénette ! Nénette, réveille-toi !

Elle se tourne et se retourne. Je la presse, je m'en veux.

– Nénette, il faut que je parte... Ce soir, ne reviens pas à la maison. Va chez Mamie.

– Quelle heure est-il ?

– Sept heures et demie. Je t'ai laissé des biscuits et du lait chaud sur la table de la cuisine.

– Maman, tu reviendras quand ?

La question me serre le cœur.

– Très vite, ma chérie. Ne t'inquiète pas. Il faut que je parte maintenant...

Et sans plus attendre, je me lève. Sans plus penser, je sors. Je cours. Daniel est dans l'auto. Il a enfilé une paire de gants transparents. Je songe : « Des gants de chirurgien. »

– On y va !

Il démarre sur les chapeaux de roue. Nous devons d'abord aller à Paris, vérifier que la voiture que nous avons placée la veille est encore à sa place. Nous roulons sans parler, les yeux rivés sur la route. Je pense à l'hélicoptère, au carton rouge, à Michel, au M16, à l'hélicoptère, à mes filles et à ma mère, à Gilles, mon frère, à la carrière, aux gants de Daniel...

Il s'arrête devant une benne à ordures, jette le sac-poubelle et l'écharpe que je lui ai donnée. Puis nous repartons. La voie est libre. Nous serons à l'heure porte de Gentilly.

Direction l'autoroute de l'Ouest. J'ai pris le volant. Je m'efforce de respirer par le ventre. Nous roulons tôle contre tôle. Depuis le départ de chez moi, nous n'avons pas échangé plus de dix mots avec Daniel. Je sais qu'il compte les minutes. Il sait que j'égrène les secondes.

J'évite la porte de Versailles et la foire des Expositions. Tunnel de Saint-Cloud. Il y a foule dans l'autre sens. De notre côté, on peut slalomer.

Je slalome.

À la sortie du tunnel, le ciel nous éclate au visage. Il est bleu, bleu limpide, bleu azur. Il fait beau, il fera beau. Bon signe. Au ras du sol, on distingue une mince couche pâle, presque grise.

– Sais-tu, dis-je à Daniel, que le ciel de printemps est bien moins limpide que le ciel d'hiver ?

Il ne répond pas.

– À cause de la poussière et de la pollution... J'ai appris ça en pilotant.

– Fonce, grogne-t-il sans quitter la route des yeux.

À neuf heures trente-cinq, nous arrivons dans la forêt où nous cacherons le matériel. Ornières, chemins creux. Un tintamarre résonne soudain à nos oreilles : les pelleteuses sont en plein travail. Impondérable, dirait Michel... Les engins avancent et reculent au bout de la carrière.

– Il ne nous verront pas, dit Daniel.

– Bien sûr que si ! Mais on n'a pas le choix. Espérons qu'ils croiront à une promenade d'amoureux.

J'arrête la voiture près des bosquets que nous avons repérés. Marche arrière. Daniel descend, ouvre le coffre, glisse dans le feuillage. Je surveille. Les pelleteuses poursuivent leur travail, à une centaine de mètres.

– Vite !

Daniel réapparaît. Je vire sur place et nous reprenons la route de Saint-Cyr. Il est dix heures juste lorsque nous arrivons à la cabine.

Nouvel impondérable : elle est occupée.

Je descends à la hâte. Mon cœur danse le fox-trot dans ma poitrine. Je ne tiens pas en place. Dix secondes, vingt secondes, trente secondes... La porte s'ouvre enfin. L'usager maintient aimablement le battant ouvert pendant que je m'engouffre dans la cabine. Et j'attends. Dix secondes, vingt secondes, trente secondes... J'entends une sonnerie aigrelette. Je décroche aussitôt.

– Allô?

– Il est là.

– Nous aussi. On a cinq minutes de retard mais ça ira.

– Je remonte.
– Vous avez le carton rouge ?
– Bien sûr.
Je murmure :
– Merci.
Et l'autre :
– Bonne chance.
Je souris. Je raccroche. Daniel est au volant. Il a conservé ses gants.
– C'est bon, dis-je en sautant dans la voiture. Michel est là-bas. Allons jusqu'au terrain...
– Je ne vois pas l'Alouette.
Je regarde. L'hélicoptère, en effet, demeure invisible.
– Aux bureaux. Vite !
La sueur me dégouline le long du dos. Pour un peu, je sortirais de la voiture comme un ressort et j'attraperais le premier passant pour lui demander où est l'hélicoptère. Mais je me retiens. Avant de descendre, je conseille à Daniel d'ôter ses gants. Puis je cours jusqu'aux bureaux. J'y trouve un jeune pilote que j'avais déjà rencontré. Je me contrains au plus grand calme.
– Le patron n'est pas là ?
– Il va arriver...
Je fais mine d'attendre. Puis :
– C'est ennuyeux. Je devais voler aujourd'hui...
– Je sais. Vous êtes prévue. Si vous voulez, vous pouvez aller directement à l'hélico. Il est dans le hangar.
– Dans le hangar ?! Vous voulez bien me donner un coup de main ?

Le jeune pilote me précède. Nous gagnons le hangar, où trois mécanos tournent autour des avions. Ils nous aident à pousser l'Alouette dehors. Daniel est appuyé à une barrière, visiblement mal à l'aise. Son regard est dissimulé derrière de grosses lunettes noires.

– Il vous accompagne ? demande un mécano en le désignant du doigt.

Et comme j'acquiesce :

– Il est venu pour se faire bronzer ?

Je comprends l'allusion et, le plus naturellement possible, je demande à Daniel de venir nous aider à sortir l'appareil. Il se place derrière la queue et pousse négligemment du coude.

– Il a peur de se fatiguer, ou quoi ?

Comment expliquer à ces mécanos que Daniel est au moins aussi costaud qu'eux mais qu'il ne tient pas à laisser ses empreintes sur l'hélicoptère ?

Lorsque l'Alouette est sur le terrain, il monte à l'arrière tandis que j'expédie la visite réglementaire de pré-vol : vérification des niveaux d'huile, de l'empennage et de l'état des câbles. Puis, je m'installe derrière les commandes et j'ajuste le casque sur ma tête. On branche la radio. Elle ne fonctionne pas. J'essaie d'écarter le jeune pilote qui, faisant assaut de serviabilité, voudrait réparer.

– Je n'ai pas le temps, dis-je. Mon heure de vol est déjà bien entamée...

– Vous allez sur Paris ?

– Oui.

– Alors c'est obligatoire.

– Mais non !

J'essaie de sourire. Par-devers moi, je songe que si nous n'avons pas décollé dans cinq minutes, l'opération ratera une deuxième fois.

– Tant pis. Je n'irai pas à Paris.

– Si vous restez dans la zone de l'aérodrome, alors ça va. Venez, on va pousser jusqu'au bureau et j'appellerai la tour.

Il monte à mes côtés. J'élève l'appareil en stationnaire et glisse en translation rapide. Je me pose devant le bureau. Le pilote descend.

– Décolle, dit Daniel lorsque nous sommes seuls.

– Impossible.

– Mais il est dix heures vingt !

– Impossible, je te dis !

Mais le pilote revient. Il ouvre la porte et hurle quelques renseignements que je capte au hasard : QFE, piste de décollage, vent nul...

Je crie à mon tour :

– Merci ! À tout à l'heure !

Lorsque la porte se referme, je tire doucement le pas, contrôlant le dérapage aux pieds et manœuvrant le plus délicatement possible le manche cyclique. L'hélico est en équilibre, prêt pour le départ. Alors, je décolle droit devant. Je ne pense à rien d'autre qu'à rattraper le temps perdu. Je manie mon aéronef avec la plus grande dextérité possible. Nous survolons la campagne. Daniel se penche et me désigne une tache jaune vers laquelle je me dirige. La carrière approche à vue d'œil.

– Ne perds pas de temps ! hurle mon copilote. Tant pis pour les pelleteuses !

Je ne calcule pas l'approche. Je pique sur le plateau et arrive en rase-mottes auprès des taillis derrière lesquels nous avons dissimulé nos sacs. La turbine vrombit.

– Je me pose ! Mais dépêche-toi : le sol est très mauvais !

Tandis que Daniel ouvre la porte, la machine proteste contre le mauvais sort que je lui inflige. Les patins tremblent, les gravillons et des brassées d'herbes jaunes sont projetés autour de nous. Bien que je ne les voie pas, j'imagine la stupeur des ouvriers découvrant ce gros frelon hurlant et tressautant à moins de cent mètres de leurs engins.

Mains et pieds rivés à l'appareil, je cherche Daniel des yeux. Il fouille dans les arbustes. Ses vêtements volent autour de lui comme autant de fanions pris dans la bourrasque. J'ai l'impression que la turbine va exploser. Enfin, il revient. Il jette les sacs devant lui, se hisse dans la bulle et bloque la porte. Je tire sur le pas collectif. Un peu trop fort cependant : l'Alouette se cabre. Je lâche du mou. Nous sommes partis. Il est dix heures vingt-cinq.

Je repère facilement l'autoroute. À Rocquencourt, les bretelles s'entrelacent dans tous les sens. Et si je me trompais ? Pour la première fois, la panique me prend. Elle me brouille la vue, elle m'étreint la poitrine. J'aime tant la vie ! Oh ! pourvu que je ne meure pas dans cette Alouette !

La Seine me réconforte. Son ruban gris me ramène sur des berges plus aimables. Je viens sauver mon mari. Dans un quart d'heure il sera là, à mon côté, sans plus de vitre entre nous. L'enjeu est tel qu'il vaut tous les risques. Je n'ai pas à avoir peur. La peur, me dis-je, est une donnée comme les autres, et comme les autres, elle s'apprivoise. Alors ?

Une larme de bonheur vient piquer ma paupière. Au-dessus, le ciel est presque violet. Sous moi, Paris arrive. Voici le parc des Princes et les usines Renault. Le périphérique, enfin. Je me tourne vers Daniel. Son visage est livide. N'ayant pas de radio, je suis obligée de hurler pour me faire entendre. Je lui demande s'il a confiance. Il hoche la tête.

– Regarde !

Je lui désigne les voitures qui encombrent le périphérique. On n'en distingue que les toits, rendus scintillants par le soleil.

– Quelle heure est-il ?

– Plus de dix heures et demie !

– C'est bon !

Je laisse de côté Issy-les-Moulineaux, qui n'aura pas la faveur de mon annonce. Deux mille pieds à l'altimètre. Un frisson de bonheur me parcourt lorsque je songe à Michel, debout dans la cour, piétinant nerveusement en regardant le ciel.

En bordure du périphérique, l'église apparaît. Les quatre anges en bronze dressent leurs ailes vers le ciel. Je vire brusquement sur la gauche et descends de cinq cents pieds minute pour disparaître des contrôles radars. Désormais, je suis dans l'illégalité la plus totale.

Jusqu'alors, Paris se présentait à nous comme une peinture abstraite. Peu à peu les reliefs émergent, les contours des immeubles et des rues se précisent. Bientôt, nous survolons un océan d'écueils. Je regarde dans tous les sens avant de stabiliser à cinquante mètres au-dessus des toits. Il y a des grues partout : des rouges, des bleues, des vertes... Je me tourne vers Daniel et crie :

– La grue ! Daniel, cherche la grue !

Je repars au jugé, roulant sur les immeubles dans le vacarme de la turbine. L'affolement me gagne : il y a des milliers de grues dans Paris ! Comment reconnaître la nôtre ? Daniel cherche de son côté, le visage collé à la bulle transparente. Il est dix heures quarante. Dans cinq minutes, il sera trop tard.

– La Santé ! Nom de Dieu, la Santé !

Je crie. Je descends et regarde sous l'hélicoptère : est-ce Saint-Marcel ? Austerlitz ? Impossible. J'ai dérivé mais pas d'autant. Je vire sur la gauche, remonte de quelques mètres et soudain, légèrement plus haute que les autres, apparaît la grue orange.

– Par ici !

Daniel l'a vue en même temps que moi. Dans le hurlement de la turbine, je fonce. La prison est là, juste devant nous. Énorme et noire. Si noire ! Je ne regarde plus les toits alentour, ni les rues, rien.

Seulement le haut mur, l'entrée, le drapeau tricolore, l'inscription : « Maison d'arr... » Et l'hélicoptère surgit soudain dans la rue de la Santé. Dix heures quarante-quatre. J'aperçois un fourgon de police gris, cinq policiers en tenue qui regardent l'appareil, bouche bée. Puis c'est la cour d'honneur, que j'ai tant de fois traversée – mais d'en bas – et, enfin, la cour en triangle. Des câbles... Je tire violemment le pas et les évite de justesse. Réflexe. Sans lui, l'erreur aurait été fatale. Nous sommes maintenant à quinze mètres de hauteur, en stationnaire. Je regarde par en dessous et, immédiatement, je reconnais Michel : sa tenue bleu et rouge le distingue de tous les autres détenus. Daniel a entrouvert la porte. Il prend le premier sac, tend la main, vise et le lâche. Le deuxième suit. Michel fait un bond sur lui-même.

Daniel me tape sur l'épaule.

– Vas-y !

Je pousse le cyclique de deux millimètres à peine. L'Alouette repart lentement. Je la bloque aux palonniers pour contenir ses écarts. Je force le pas général, qui a tendance à s'enfoncer.

Nous laissons la cour en arrière. La guérite du surveillant apparaît sur la droite. Daniel s'empare du M16. J'avance très lentement en direction du toit de la troisième division. Je dépasse la cheminée en fer-blanc qui me sert de repère et m'engage plus avant, jusqu'aux cours de promenade des isolés. Un à un, j'évite les obstacles. Je choisis d'effectuer le cent quatre-vingts degrés par la droite. J'ai l'impression d'évoluer dans un mouchoir de poche. J'ai une trouille terrible. Nous revoici face à la cour, au-dessus de la petite cheminée. La guérite du gardien se trouve maintenant sur notre gauche. L'homme s'agite, à moins de vingt mètres. Il me fait songer à un papillon emprisonné sous un abat-jour. Il tourne dans tous les sens, décroche des téléphones, parle, raccroche, se tourne vers nous.

Je prends position sur le toit, à trois mètres du faîte. Je parviens difficilement à maintenir le stationnaire. L'hélicoptère bouge, tantôt vers l'avant, tantôt vers l'arrière. Je manœuvre du bout des doigts et des orteils, j'ai mal aux reins et au ventre... Daniel reste muet comme une carpe. Il s'est levé, il a ouvert la porte, il pointe son arme vers le gardien. Celui-ci s'immobilise puis, soudain, tombe dans sa guérite. Est-il couché ? Évanoui ?

Quinze mètres plus bas, les prisonniers se sont massés dans le fond de la cour pour assister au spectacle. Je ne vois pas Michel. Il monte sans doute, agrippé à sa corde. Et peut-être qu'un fusil est braqué sur lui, ou sur nous, sur le réservoir de l'Alouette... J'attends. Minutes interminables. Les plus longues de ma vie. Le poids du temps est mortel, sa course effroyablement lente. L'hélicoptère requiert une telle attention que je ne peux pas me pencher pour voir si Michel a atteint la verrière de la troisième division.

– Mais qu'est-ce que tu fous là ? me dis-je.

Et je me prends même à ricaner intérieurement, nerveusement. Folie.

Devant, à une quinzaine de mètres, j'aperçois un détenu qui fume une cigarette. Il tire une bouffée, croise les bras, tire une bouffée, croise les bras... Il fixe un point droit devant lui : Michel, forcément. Je me dis que si ce détenu cesse de croiser les bras, c'est qu'il sera arrivé quelque chose à mon mari. Alors je le regarde. Je ne regarde que lui. Et je demande :

– Daniel, tu le vois ?

– Pas encore...

– Et le gardien ?

– Il ne bouge pas... Mais il y en a d'autres. Regarde à droite.

Ils sont une quinzaine à nous observer derrière la longue vitre d'un couloir. Je jette un coup d'œil sur Daniel. Il est arc-bouté contre la portière, pistolet-mitrailleur pointé. Un M16 pour enfants, en plastique gris...

Je reviens à mon détenu fumeur. Il tire une bouffée, croise les bras, tire une bouffée... Rien ne bouge. L'hélico fait un bruit d'enfer. Mon pied droit, totalement ankylosé, tremble mécaniquement sur son palonnier. Le prisonnier tire une bouffée, croise les bras, reste figé, soudain, le geste en suspens.

– Le voilà ! hurle Daniel.

J'aperçois des épaules, une chevelure que je connais bien ; le visage de mon mari, enfin, qui rit, qui rit jusqu'aux oreilles. Nous sommes fous, nous sommes fous mais c'est le plus beau jour de ma vie, je l'aime, Michel je t'aime, je suis là !

Il est sur le toit, accroupi. J'abaisse l'appareil d'un bon mètre tout en amorçant un déplacement latéral. Daniel tend le bras, prend Michel par l'épaule, et le voici qui enfourche le patin, me regarde, riant toujours, et frappe sur la bulle en me faisant signe de décoller. Au moment où je m'apprête à relâcher le stationnaire, une apparition surgit sur le toit. Un homme à plat ventre qui se rétablit et reste accroupi. Nous nous regardons droit dans les yeux, médusés. Daniel opère un mouvement de balayage avec son M16. Michel ne voit rien. Il frappe une seconde fois sur la bulle de plastique et hurle :

– Décolle !

J'hésite une fraction de seconde puis j'élève l'appareil, pesant sur les commandes pour contrer le déséquilibre causé par la présence de Michel sur le patin gauche. Je jette un coup d'œil dans sa direction. Il semble aussi bien installé que dans un fauteuil. Il regarde le ciel. Tandis que nous nous élevons, il jette son pistolet factice dans la cour de la prison. Le M 16 le rejoint et éclate en mille morceaux en touchant le sol. Les prisonniers applaudissent et lancent des « hourra » ! que nous entendons malgré le sifflement de la turbine. Sur le siège arrière, Daniel est pris d'un fou rire. Je change de cap. Michel bouge les bras, les jambes, la tête. Il hurle dans le ciel de Paris :

– Je t'aime, Nad ! Te quiero !

Ses mots s'envolent dans un ciel magnifique.

Déjà, nous sommes au-dessus des mares et des arbres de Montsouris. Je crie à Daniel :

– Fais monter Michel ! À la descente, on risque d'être déséquilibrés !

Voici la Cité universitaire et son château. La pelouse est comme un tapis d'émeraudes. J'amorce la descente. Les pales tournent dans un bruit de tracteur. Une trentaine d'étudiants prennent l'air sur notre terrain d'atterrissage. Ils nous regardent avec surprise puis, comme nous approchons, la surprise se mue en panique, et ils s'envolent comme une nuée de moineaux. Des feuilles blanches voltigent. Je cabre sec la machine et la stabilise à trois mètres du sol. De la terre, monte un nuage de poussière brune. Je rétablis et descends aussi doucement que possible. Les patins heurtent brutalement le sol. Je coupe le contact. Daniel saute le premier. Il semble hésiter.

– À la voiture ! crie Michel. Fais-la démarrer, on arrive !

Il me prend par la main et nous courons, nous courons éperdument sur cette pelouse magnifique, devant des étudiants qui nous observent avec stupeur.

– Nad ! crie Michel. On a réussi !

Les pales de l'hélicoptère tournent encore. Nous sautons sur la passerelle. La voiture est en bas, portières ouvertes. Nous nous y engouffrons. Daniel démarre à toute allure. Michel m'embrasse. J'embrasse Michel. Il pose la main sur mon cœur. Je ferme les yeux. La cavale commence.

Daniel est au volant. Lui qui n'a pas ouvert la bouche entre Saint-Cyr-l'École et la Santé, se laisse aller, en proie à une nervosité bavarde. Il parle à Michel tout en me lançant des clins d'œil dans le rétroviseur.

– Elle est passée si près d'un balcon que le type qui se trouvait dessus est resté la bouche ouverte... Je le revois encore. Elle a frôlé ses pots de fleurs !

– Je ne volais pas si bas !

– Et le maton ! poursuit Daniel, si vous aviez vu le maton dans sa guérite ! Il a dû attraper une jaunisse ou une syncope !

Il rit. Michel rit. Il nous montre une blessure qu'il s'est faite au bras alors qu'il montait dans l'hélicoptère. La peau est arrachée. La blessure a la forme d'un cœur. Nous roulons vers la porte d'Orléans. J'ôte ma combinaison de pilote. Michel se débarrasse de son survêtement et, à force de contorsions, enfile une tenue plus civile que je lui ai préparée. Je fourre le tout dans un sac de plastique. Daniel tourne dans une ruelle.

– Je vais garer la voiture...

– Après, tu te sauves, commande Michel. Ne reste pas avec nous.

Et il ajoute :

– Je ne saurai jamais te rendre ce que tu m'as donné... Je te dois la vie.

Dix minutes plus tard, nous marchons bras dessus, bras dessous dans les rues de Paris. Il est midi, il fait soleil, nous sommes des ressuscités. Je n'ose croire que je me promène avec mon mari, que je le vois sans glace entre nous, que je peux le toucher, que nous avons réussi notre entreprise. La sensation est époustouflante. Même dans mes rêves les plus fous, je n'ai jamais imaginé tel miracle. J'ai envie de rire. Et je ris.

Lui, il va comme un poisson dans l'eau. Cinq années de prison n'ont rien changé à son comportement. Il n'est pas étonné, à peine désorienté. Il marche, il respire, il est heureux. Tous les dix pas, il s'arrête et m'embrasse.

– Tu ne crois pas qu'on a passé l'âge ? dis-je. On pourrait nous remarquer... Il éclate de rire en me pressant plus fort.

Soudain, au détour d'un pâté de maisons, je m'arrête brusquement. Devant moi se dresse un long mur noir d'où dépassent deux cheminées en brique rouge. Terrorisée, je m'écrie :

– La Santé ! Nous sommes revenus à la Santé !

– Mais non ! Michel rit de plus belle. Nous sommes dans le XVᵉ, Nad ! La Santé est derrière nous !

Je respire.

– Viens, dit Michel. Je sais où nous pouvons aller.

Nos pas nous ont menés non loin d'un petit restaurant où nous avions déjeuné ensemble, cinq ans auparavant, lorsque j'attendais Cathy. Nous y entrons. Le décor est le même, le personnel n'a pas changé... Nous nous asseyons à la table qui fut la nôtre, et nous commandons. Ou plutôt, Michel commande : si je n'ai pas d'appétit, il mange pour deux. Pour quatre, même. Et moi, je le regarde, émerveillée. Nous sommes comme deux imbéciles heureux.

– Qu'est-ce qu'on va faire, maintenant ?

– Il faut trouver une planque.
– Tu as une idée ?
– Un nom, dit-il. Pas plus. Un type que tu ne connais pas. Je n'ai rien voulu lui dire parce que j'ai pensé que dans ces circonstances il était préférable de débarquer sans prévenir.
– Tu as raison...
Il hésite.
– Tu as prévu une arme ?
– Non.
Son regard se pose sur moi, scrutateur. Je ne bronche pas.
– Et les petites ? ajoute-t-il doucement.
– Elles sont chez ma mère.
Il accuse le coup. Il pensait que je les confierais à des amis et que nous les reprendrions au passage avant de disparaître pour de bon. Il comprend. Il comprend que je le quitterai lorsqu'il sera en sécurité. Il ne dit rien. Sinon ceci :
– Nous en reparlerons calmement.
Oui, nous en reparlerons. Je le regarde et, muette, le supplie de prendre le relais. Je n'en peux plus. Tant de tensions depuis de si longs mois ! Si seulement il pouvait réfléchir pour deux !
À quatorze heures, nous sortons du restaurant. En face, il y a un coiffeur. Michel y entre.
Lorsque je le retrouve, il a perdu ses boucles blondes. Il a le cheveu ras et, toujours, le sourire aux lèvres. Lui non plus ne réalise pas que quatre heures auparavant, il était enfermé pour trente ans. Et, tout à son bonheur, oublie que les polices de France sont à nos trousses. Alors que nous ne

savons pas où dormir et que notre fortune s'élève à six billets de cinq cents francs que j'ai réussi à économiser pour la cavale. Six billets. Pas un de plus.

L'ami de Michel, joint après plusieurs tentatives infructueuses, nous donne rendez-vous dans un square de Montmartre. Il est seize heures lorsque nous y arrivons.

– Voici ma femme, dit Michel en me présentant.

L'homme me serre la main. Apparemment, il ignore tout de la situation de Michel. Il demande :

– Tu as été libéré ?

– Je dois me cacher...

– Tu es en permission ?

– Non. Je me suis évadé.

Blanc. L'homme marque un silence. Il n'a manifestement pas écouté la radio. Il hésite un instant avant de lâcher :

– Venez avec moi. Je connais quelqu'un qui vous prêtera une planque...

La planque en question est une garçonnière de banlieue. José, un nouveau venu, nous fait faire le tour du propriétaire. Il entre dans la cuisine, ouvre un petit réfrigérateur et en sort une bouteille de champagne glacée.

– Elle est pour vous, dit-il avec un grand sourire. La liberté, ça se fête avec des bulles !

Après quoi, il claque la porte derrière lui. Nous avons à peine eu le temps de le remercier. Je m'étends sur le lit. Je suis fourbue. Mes pieds sont un éternel fourmillement. Je regarde Michel. Le bouchon de champagne cède dans un nuage de mousse. Mon mari me tend une coupe. Puis il s'assied auprès de moi et, très doucement, demande :

– Nad, pendant tout ce temps, tu m'as trompé ?

– Je n'ai jamais trompé personne.

Nous effleurons nos verres.

– Cinq ans sans toi, chuchote-t-il. Cinq ans à rêver de ta peau, de ton parfum, de tes hanches... Chaque nuit, je te serrais contre moi. Tu ne m'as jamais quitté...

Il boit. Je bois. Nous ne nous quittons pas des yeux.

– Si je t'avais trompé, dis-je...

– Tais-toi...

Il soupire. Pose son verre sur la table. Prend le mien. S'allonge à mon côté. Son visage glisse sur le mien, ses mains parcourent mon corps comme pour se rassurer. Je cherche ses lèvres. Dehors, les sirènes deviennent plaintes et gémissements. Nous sommes dans un autre monde. L'éternité est à nous.

Après quatre mois de cavale, Michel Vaujour fut repris. Blessé à la tête au cours d'un hold-up, il resta une semaine dans le coma et hémiplégique durant de longs mois.

Nadine fut condamnée à 24 mois de prison, dont 9 avec sursis pour complicité d'évasion. Le 22 mars 1987, elle mit au monde un fils qui, comme sa fille Cathy, naquit en prison.

Michel purge sa 14e année de prison. À ce jour, compte tenu de la condamnation à 20 années infligée à Évry, il sera libérable en 2017.

TABLE

PREMIÈRE PARTIE

DEUXIÈME PARTIE

Littérature extrait du catalogue

Cette collection est d'abord marquée par sa diversité : classiques, grands romans contemporains, témoignages. A chacun son livre, à chacun son plaisir : Henri Troyat, Bernard Clavel, Guy des Cars, Frison-Roche, Djian, Belletto mais aussi des écrivains étrangers tels que Virginia Andrews, Nina Berberova, Colleen McCullough ou Konsalik.

Les classiques tels que Stendhal, Maupassant, Flaubert, Zola, Balzac, etc. sont publiés en texte intégral au prix le plus bas de toute l'édition. Chaque volume est complété par un cahier illustré sur la vie et l'œuvre de l'auteur.

ADLER Philippe
Bonjour la galère ! 1868/**2**
Les amies de ma femme 2439/**3**
Graine de tendresse 2911/**3**
Qu'est-ce qu'elles me trouvent ? 3117/**3**

AGACINSKI Sophie
La tête en l'air 3046/**5**

AMADOU Jean
La belle anglaise 2684/**4**

AMADOU - COLLARO - ROUCAS
Le Bêbête show 2824/**5** & 2825/**5** Illustrés

AMIEL Joseph
Le promoteur 3215/**9**

ANDERSEN Christopher
Citizen Jane 3338/**7**

ANDERSON Peggy
Hôpital des enfants 3081/**7**

ANDREWS Virginia C.

Fleurs captives :
- **Fleurs captives** 1165/**4**
- **Pétales au vent** 1237/**4**
- **Bouquet d'épines** 1350/**4**
- **Les racines du passé** 1818/**4**
- **Le jardin des ombres** 2526/**4**

La saga de Heaven :
- **Les enfants des collines** 2727/**5**
- **L'ange de la nuit** 2870/**5**
- **Cœurs maudits** 2971/**5**
- **Un visage du paradis** 3119/**5**
- **Le labyrinthe des songes** 3234/**6**

Ma douce Audrina 1578/**4**
Aurore 3464/**5** (Juin 93)

APOLLINAIRE Guillaume
Les onze mille verges 704/**1**
Les exploits d'un jeune don Juan 875/**1**

ARCHER Jeffrey
Le pouvoir et la gloire (Kane et Abel) 2109/**7**
Faut-il le dire à la Présidente ? 2376/**4**

ARSAN Emmanuelle
Les débuts dans la vie 2867/**3**
Chargée de mission 3427/**3** (Juin 93)

ATTANÉ Chantal
Le propre du bouc 3337/**2**

ATWOOD Margaret
La servante écarlate 2781/**4**
Œil-de-chat 3063/**8**

AVRIL Nicole
Monsieur de Lyon 1049/**3**
La disgrâce 1344/**3**
Jeanne 1879/**3**
L'été de la Saint-Valentin 2038/**2**
La première alliance 2168/**3**
Sur la peau du Diable 2707/**4**
Dans les jardins de mon père 3000/**3**

BACH Richard
Jonathan Livingston le goéland 1562/**1** Illustré
Illusions/Le Messie récalcitrant 2111/**2**
Un pont sur l'infini 2270/**4**
Un cadeau du ciel 3079/**3**

BAILLY Othilie	**L'enfant dans le placard** 3029/**2**
BALZAC Honoré de	**Le père Goriot** 1988/**2**
BANCQUART Marie-Claire	**Photos de famille** 3015/**3**
BAPTISTE-MARREY	**Les papiers de Walter Jonas** 3441/**9** (Mai 93)
BARBELIVIEN Didier	**Rouge cabriolet** 3299/**2**
BARRIE James M.	**Peter Pan** 3174/**2**
BAUDELAIRE Charles	**Les Fleurs du mal** 1939/**2**
BÉARN Myriam et Gaston de	Gaston Phébus :
	1 - Le lion des Pyrénées 2772/**6**
	2 - Les créneaux de feu 2773/**6**
	3 - Landry des Bandouliers 2774/**5**
BEART Guy	**L'espérance folle** 2695/**5**
BELLEMARE Pierre	**Les dossiers d'Interpol** 2844/**4** & 2845/**4**
BELLEMARE P. et **ANTOINE** J.	**Les dossiers extraordinaires** 2820/**4** & 2821/**4**
BELLETTO René	**Le revenant** 2841/**5**
	Sur la terre comme au ciel 2943/**5**
	La machine 3080/**6**
	L'Enfer 3150/**5**
BELLONCI Maria	**Renaissance privée** 2637/**6** Inédit
BENZONI Juliette	Le Gerfaut des Brumes :
	- Le Gerfaut 2206/**6**
	- Haute Savane 2209/**5**
BERBEROVA Nina	**Le laquais et la putain** 2850/**2**
	Astachev à Paris 2941/**2**
	La résurrection de Mozart 3064/**1**
	C'est moi qui souligne 3190/**8**
	L'accompagnatrice 3362/**4**
	De cape et de larmes 3426/**1** (Avril 93)
BERG Jean de	**L'image** 1686/**1**
BERGER Thomas	**Little Big Man** 3281/**8**
BERTRAND Jacques A.	**Tristesse de la Balance...** 2711/**1**
BEYALA Calixthe	**C'est le soleil qui m'a brûlée** 2512/**2**
BISIAUX M. et **JAJOLET** C.	**Chat plume (60 écrivains...)** 2545/**5**
BLAKE Michael	**Danse avec les loups** 2958/**4**
BOGGIO Philippe	**Coluche** 3268/**7**
BORGEN Johan	**Lillelord** 3082/**7**
BORY Jean-Louis	**Mon village à l'heure allemande** 81/**4**
BOULET Marc	**Dans la peau d'un Chinois** 2789/**7** Illustré
BRAVO Christine	**Avenida B.** 3044/**3**
	Les petites bêtes 3104/**2**
BROOKS Terry	**Hook** 3298/**4**
BRUNELIN André	**Gabin** 2680/**5** & 2681/**5**
BURON Nicole de	**Les saintes chéries** 248/**3**
	Vas-y maman 1031/**2**
	Dix-jours-de-rêve 1481/**3**
	Qui c'est, ce garçon ? 2043/**3**
	C'est quoi, ce petit boulot ? 2880/**4**
	Où sont mes lunettes ? 3297/**4**
CARDELLA Lara	**Je voulais des pantalons** 2968/**2**
CARREL Dany	**L'Annamite** 3459/**7** (Juin 93)

CARS Guy des
La brute 47/**3**
Le château de la juive 97/**4**
La tricheuse 125/**3**
L'impure 173/**4**
La corruptrice 229/**3**
La demoiselle d'Opéra 246/**3**
Les filles de joie 265/**3**
La dame du cirque 295/**2**
Cette étrange tendresse 303/**3**
La cathédrale de haine 322/**4**
L'officier sans nom 331/**3**
Les sept femmes 347/**4**
La maudite 361/**3**
L'habitude d'amour 376/**3**
La révoltée 492/**4**
Amour de ma vie 516/**3**
Le faussaire 548/**4**
La vipère 615/**4**
L'entremetteuse 639/**4**
Une certaine dame 696/**5**
L'insolence de sa beauté 736/**3**
L'amour s'en va-t-en guerre 765/**3**
Le donneur 809/**3**
J'ose 858/**3**
La justicière 1163/**2**
La vie secrète de Dorothée Gindt 1236/**2**
La femme qui en savait trop 1293/**3**
Le château du clown 1357/**4**
La femme sans frontières 1518/**3**
Le boulevard des illusions 1710/**3**
La coupable 1880/**3**
L'envoûteuse 2016/**5**
Le faiseur de morts 2063/**3**
La vengeresse 2253/**3**
Sang d'Afrique 2291/**5**
Le crime de Mathilde 2375/**4**
La voleuse 2660/**4**
Le grand monde 2840/**8**
La mère porteuse 2885/**4**
L'homme au double visage 2992/**4**
L'amoureuse 3192/**4**
Je t'aimerai éternellement 3462/**4** (Juin 93)

CARS Jean des	Sleeping story 832/**4**
	La princesse Mathilde 2827/**6**
CASSAR Jacques	Dossier Camille Claudel 2615/**5**
CATO Nancy	L'Australienne 1969/**4** & 1970/**4**
	Les étoiles du Pacifique 2183/**4** & 2184/**4**
	Lady F. 2603/**4**
	Tous nos jours sont des adieux 3154/**8**
CESBRON Gilbert	Chiens perdus sans collier 6/**2**
	C'est Mozart qu'on assassine 379/**3**
CHABAN-DELMAS Jacques	La dame d'Aquitaine 2409/**2**
CHAILLOT N. et VILLIERS F.	Manika une vie plus tard 3010/**2**
CHAMSON André	La Superbe 3269/**7**
	La tour de Constance 3342/**7**
CHATEL Philippe	Il reviendra 3191/**3**
CHEDID Andrée	La maison sans racines 2065/**2**
	Le sixième jour 2529/**3**
	Le sommeil délivré 2636/**3**
	L'autre 2730/**3**
	Les marches de sable 2886/**3**
	L'enfant multiple 2970/**3**
	Le survivant 3171/**2**
	La cité fertile 3319/**2**
CHOW CHING LIE	Le palanquin des larmes 859/**4**
	Concerto du fleuve Jaune 1202/**3**
CICCIOLINA	Confessions 3085/**3** Illustré
CLANCIER Georges-Emmanuel	Le pain noir 651/**3**
CLAUDE Hervé	L'enfant à l'oreille cassée 2753/**2**

CLAVEL Bernard

Le tonnerre de Dieu 290/**1**
Le voyage du père 300/**1**
L'Espagnol 309/**4**
Malataverne 324/**1**
L'hercule sur la place 333/**3**
Le tambour du bief 457/**2**
Le massacre des innocents 474/**2**
L'espion aux yeux verts 499/**3**
La grande patience :
1 - La maison des autres 522/**4**
2 - Celui qui voulait voir la mer 523/**4**
3 - Le cœur des vivants 524/**4**
4 - Les fruits de l'hiver 525/**4**
Le Seigneur du Fleuve 590/**3**
Pirates du Rhône 658/**2**
Le silence des armes 742/**3**
Tiennot 1099/**2**
Les colonnes du ciel :
1 - La saison des loups 1235/**3**
2 - La lumière du lac 1306/**4**
3 - La femme de guerre 1356/**3**
4 - Marie Bon Pain 1422/**3**
5 - Compagnons du Nouveau-Monde 1503/**3**
Terres de mémoire 1729/**2**
Qui êtes-vous ? 1895/**2**
Le Royaume du Nord :
- Harricana 2153/**4**
- L'Or de la terre 2328/**4**
- Miséréré 2540/**4**
- Amarok 2764/**3**
- L'angélus du soir 2982/**3**
- Maudits sauvages 3170/**4**
Quand j'étais capitaine 3423/**3** (Avril 93)

CLOSTERMANN Pierre	**Le Grand Cirque** 2710/**5**
COCTEAU Jean	**Orphée** 2172/**2**
COLETTE	**Le blé en herbe** 2/**1**
COLLARD Cyril	**Les nuits fauves** 2993/**3**
COLOMBANI M.-F.	**Donne-moi la main, on traverse** 2881/**3**
	Derniers désirs 3460/**2** (Juin 93)
CONNELL Evan S.	**Mr. et Mrs. Bridge** 3041/**8**
CONROY Pat	**Le Prince des marées** 2641/**5** & 2642/**5**
	Le Grand Santini 3155/**8**
COOPER Fenimore J.	**Le dernier des Mohicans** 2990/**5**
COOPER Mary Ann	**Côte Ouest** 3086/**4**
CORMAN Avery	**Kramer contre Kramer** 1044/**3**
	50 bougies et tout recommence 2754/**3**
COUSTEAU Commandant	**Nos amies les baleines** 2853/**7** Illustré
	Les dauphins et la liberté 2854/**7** Illustré
	Un trésor englouti 2967/**7** Illustré
	Compagnons de plongée 3031/**7** Illustré
DAUDET Alphonse	**Tartarin de Tarascon** 34/**1**
	Lettres de mon moulin 844/**1**
	Le Petit Chose 3339/**3** (Avril 93)
DAVENAT Colette	**Le soleil d'Amérique** 2726/**6**
DERLICH Didier	**Intuitions** 3334/**4**
DHÔTEL André	**Le pays où l'on n'arrive jamais** 61/**2**
DICKENS Charles	**Espoirs et passions** 2643/**5**
	Oliver Twist 3442/**9** (Mai 93)
DICKEY James	**Délivrance** 531/**3**
DIDEROT Denis	**Jacques le fataliste** 2023/**3**
DIWO Jean	**Au temps où la joconde parlait** 3443/**7** (Mai 93)
DJIAN Philippe	**37°2 le matin** 1951/**4**
	Bleu comme l'enfer 1971/**4**
	Zone érogène 2062/**4**

DJIAN (suite)	**Maudit manège** 2167/**5**
	50 contre 1 2363/**3**
	Echine 2658/**5**
	Crocodiles 2785/**2**
DORIN Françoise	**Les lits à une place** 1369/**4**
	Les miroirs truqués 1519/**4**
	Les jupes-culottes 1893/**4**
	Les corbeaux et les renardes 2748/**5**
	Nini Patte-en-l'air 3105/**6**
DUBOIS Jean-Paul	**Les poissons me regardent** 3340/**3** (Mars 93)
DUFOUR Hortense	**Le château d'absence** 2902/**5**
DUMAS Alexandre	**La reine Margot** 3279/**8**
	Les trois mousquetaires 3461/**9** (Juin 93)
DUNKEL Elizabeth	**Toutes les femmes aiment un poète russe** 3463/**7** (Juin 93)
DUROY Lionel	**Priez pour nous** 3138/**4**
D'EAUBONNE Françoise	**Isabelle Eberhardt** 2989/**6**
EBERHARDT Isabelle	**Lettres et journaliers** 2985/**6**
EDWARDS Page	**Peggy Salté** 3118/**6**
Dr ETIENNE	**Transantarctica** 3232/**5**
Dr ETIENNE et DUMONT	**Le marcheur du Pôle** 2416/**3**
FISHER Carrie	**Bons baisers d'Hollywood** 2955/**4** Inédit
FLAGG Fannie	**Beignets de tomates vertes** 3315/**7**
FLAUBERT Gustave	**Madame Bovary** 103/**3**
FOSSET Jean-Paul	**Chemins d'errance** 3067/**3** (Exclusivité)
	Saba 3270/**3** (Exclusivité)
FOUCHET Lorraine	**Jeanne, sans domicile fixe** 2932/**4** (Exclusivité)
	Taxi maraude 3173/**4** (Exclusivité)
FRANCESCHI Patrice	**Qui a bu l'eau du Nil...** 2984/**4** Illustré

FRISON-ROCHE

La peau de bison 715/**2**
La vallée sans hommes 775/**3**
Carnets sahariens 866/**3**
Premier de cordée 936/**3**
La grande crevasse 951/**3**
Retour à la montagne 960/**3**
La piste oubliée 1054/**3**
Le rapt 1181/**4**
Djebel Amour 1225/**4**
Le versant du soleil 1451/**4** & 1452/**4**
L'esclave de Dieu 2236/**6**

GAGARINE Marie	**Blonds étaient les blés d'Ukraine** 3009/**6**
	Le thé chez la Comtesse 3172/**5** Illustré
GARRISON Jim	**JFK** 3267/**5** Inédit
GEBHARDT Heiko	**La mère d'Anna** 3196/**3**
GEDGE Pauline	**La dame du Nil** 2590/**6**
GEORGY Guy	**Folle avoine** 3391/**4**
GILBERT Sarah	**Une équipe hors du commun** 3355/**3**
GLASER E. & PALMER L.	**En l'absence des anges** 3318/**6**
GOISLARD Paul-Henry	Sarah :
	1 - La maison de Sarah 2583/**5**
	2 - La femme de Prague 2584/**4**
	3 - La croisée des amours 2731/**6**
GORBATCHEV Mikhaïl	**Perestroïka** 2408/**4**
GRAFFITI Kriss	**Et l'amour dans tout ça ?** 2822/**2**
GRAY Martin	**Le livre de la vie** 839/**2**

GROULT Flora	Maxime ou la déchirure 518/**2**
	Un seul ennui, les jours raccourcissent 897/**2**
	Ni tout à fait la même, ni tout à fait une autre 1174/**3**
	Une vie n'est pas assez 1450/**3**
	Mémoires de moi 1567/**2**
	Le passé infini 1801/**2**
	Le temps s'en va, madame.... 2311/**2**
	Belle ombre 2898/**4**
GUIMARAES Bernardo	Isaura 2200/**2**
HALEY Alex	Racines 968/**4** & 969/**4**
HAMBLY Barbara	La Belle et la Bête 2959/**3**
HANSKA Evane	Que sont mes raouls devenus ? 3043/**2**
HARVEY Kathryn	Butterfly 3252/**7** Inédit
HAWKING Stephen	Une brève histoire du temps 3361/**3**
HAYDEN Torey L.	L'enfant qui ne pleurait pas 1606/**3**
	Kevin le révolté 1711/**4**
	Les enfants des autres 2543/**5**
	La forêt de tournesols 2988/**5**
	Une enfant comme les autres 3369/**6**

HÉBRARD Frédérique

Un mari c'est un mari 823/**2**
La vie reprendra au printemps 1131/**3**
La chambre de Goethe 1398/**3**
Un visage 1505/**2**
La Citoyenne 2003/**3**
Le mois de septembre 2395/**2**
Le Harem 2456/**3**
La petite fille modèle 2602/**3**
La demoiselle d'Avignon 2620/**4**
Le mari de l'Ambassadeur 3099/**6**

HEYMAN David	Pauvre petite fille riche 2963/**4**
HILL Susan	Je suis le seigneur du château 2619/**3**
HOFFMAN Alice	La nuit du loup 2803/**4**
	L'enfant du hasard 3465/**4** (Avril 93)
HOFFMANN Stephane	Le gouverneur distrait 2983/**3**
HOLLANDER Xaviera	Nouvelles aventures pimentées 2758/**3**
HUBERT Jean-Loup	Le grand-chemin 3425/**3** (Avril 93)
HUET & COQUART	Bourvil ou la tendresse du rire 3195/**4**
IGLESIAS Julio	Julio raconte Iglesias 3175/**4**
JAGGER Brenda	Les chemins de Maison Haute 2818/**8**
	La chambre bleue 2838/**7**
	Un manoir sur la lande 3152/**6**
JEAN Raymond	La lectrice 2510/**2**
	Transports 2790/**2**
	Le roi de l'ordure 3101/**3**
JEURY Michel	Le vrai goût de la vie 2946/**4**
	Une odeur d'herbe folle 3103/**5**
	Le soir du vent fou 3394/**5**
JOHNSON "Magic" Earvin	L'amour sans risque 3363/**2**
JULIET Charles	L'année de l'éveil 2866/**3**
KAYE M.M.	Pavillons lointains 1307/**4** &1308/**4**
	L'ombre de la lune 2155/**4** & 2156/**4**
	Mort au Cachemire 2508/**4**
	Mort à Berlin 2809/**3**
	Mort à Chypre 2965/**4**

KENEALLY Thomas	La liste de Schindler 2316/6
KIPLING Rudyard	Le livre de la jungle 2297/2
	Simples contes des collines 2333/3
	Le second livre de la jungle 2360/2
KLEIN Norma	Mon rayon de soleil 3367/3
KNOBELSPIESS Roger	Voleur de poules 3210/2

KONSALIK Heinz G.

Amours sur le Don 497/5
La passion du Dr Bergh 578/4
Dr Erika Werner 610/3
Mourir sous les palmes 655/4
Aimer sous les palmes 686/3
Les damnés de la taïga 939/4
Une nuit de magie noire 1130/2
Bataillons de femmes 1907/6
Un mariage en Silésie 2093/4
Coup de théâtre 2127/3
Clinique privée 2215/3
La nuit de la tentation 2281/3 Inédit
La guérisseuse 2314/6
Conjuration amoureuse 2399/2
La jeune fille et le sorcier 2474/3
Et cependant la vie était belle 2698/4
Le sacrifice des innocents 2897/3
La saison des dames 2999/4 Inédit
Le pavillon des rêves 3122/5 Inédit
La vallée sans soleil 3254/5 Inédit
La baie des perles noires 3413/5 Inédit (Mars 93)

KOSINSKI Jerzy	L'oiseau bariolé 270/3
KOUSMINE Catherine Dr	Sauvez votre corps 2712/7
KUBELKA Susanna	Ophélie apprend à nager 3027/5
L'HÔTE Jean	Confessions d'un enfant de chœur 260/2
	La Communale 2329/2
LACAMP Ysabelle	La Fille du Ciel 2863/5
	L'éléphant bleu 3209/5
LACLOS Choderlos de	Les liaisons dangereuses 2616/4
LAFFERRIERE Dany	Comment faire l'amour avec un nègre... 2852/3
LAFON Monique	Mon enfant, ma douleur, mon bonheur 2901/3
LAHAIE Brigitte	Moi, la scandaleuse 2362/3 Illustré
	La femme modèle 3102/3 Inédit
LAHAYE Jean-Luc	Cent familles 3134/5
	Cent familles Tome II 3135/4
LASAYGUES Frédéric	Le chien de Goya 3211/5
LAUREY Joy	Joy 1467/2
	Le retour de Joy 3388/3
LAXER Gloria	Les vendanges du silence 2647/4
LE BARS André	Flics des beaux quartiers 3370/6
LEAMING Barbara	Rita Hayworth 3120/6 Illustré
LEBLANC Alain	Lucas 3392/4
LEFEBVRE Jean	Pourquoi ça n'arrive qu'à moi ? 3193/3 Illustré
LEFEVRE Françoise	La première habitude 697/2
	Le petit prince cannibale 3083/3
	Mortel azur 3295/2
LEFÈVRE Kim	Métisse blanche 2791/5
LIMONOV Edouard	Autoportrait d'un bandit dans son adolescence 2883/4
LINDSEY David	Mercy 3123/7 Inédit
LONDON Jack	Croc-Blanc 2887/3
LOTI Pierre	Le roman d'un spahi 2793/3
	Pêcheur d'Islande 2944/3
LOWERY Bruce	La cicatrice 165/1

3478

Achevé d'imprimer en Europe (France)
par Brodard et Taupin à la Flèche (Sarthe)
le 21 janvier 1993. 6460G-5
Dépôt légal janvier 1993. ISBN 2-277-23478-8

Éditions J'ai lu
27, rue Cassette, 75006 Paris
Diffusion France et étranger : Flammarion